THE ANTIDOTE

HAPPINESS FOR PEOPLE
WHO CAN'T STAND
POSITIVE THINKING

OLIVER BURKEMAN

ネガティブ思考こそ最高のスキル

オリバー・バークマン　下 隆全 訳

河出書房新社

CONTENTS

第3章

静けさの前の嵐

――ブッダは「ポジティブ」に執着しない

第4章

目標は危ない

――将来をコントロールしようなどと考えるな

第7章 成功体験はあてにならない——失敗を大切に保存する

第8章 「死の運命」との付き合い方——メキシコの伝統「メメント・モリ」の精神

第9章

ネガティブの正体
——善悪二元論から自由になる

第1章

本当の幸せを求めて

——ネガティブを排除しないこと

試みに、白熊のことを想い起こさないようにする、
とはらの中で決めて見るがいい、
必ずこのいまいましい白熊がのべつ頭に浮かんで来るから。

——フョードル・ドストエフスキー著『夏象冬記』より
（『ドストエーフスキイ全集5』米川正夫訳、河出書房新社）

男は八三歳、異様に日焼けした赤茶色の肌をしていたが、「幸福の秘密を教えます」というキャッチ・フレーズを信用させるだけの印象はなかった。一二月の朝、ちょうど八時を回ったところだ。テキサス州、サン・アントニオの郊外にあるバスケットボールのスタジアムは、照明が消されて薄暗かった。赤茶色の肌の男によると、私が今から学ぼうとしていることは「人生を永久に変えてしまうもの」だそうだ。私は信用しなかったが、いつもほど懐疑的でなかったのも事実だ。というのは、私の周囲にはすでに一万五〇〇〇人以上もの人々が集まり、アメリカでもっとも人気のあるこの自己啓発セミナー「やる気を出せ！」を盛り上げていたからだろう。今や、これら観衆の興奮は一気に燃え上がらんばかりだった。

「どうですか、知りたいでしょう？」と、この八〇代の男は私に語りかけてきた。名前をドクター・ロバート・H・シュラーといい、ポジティブ思考について三五冊以上の本を出しているベテランの自己啓発家だと自己紹介した。また、アメリカで最大の全面ガラス張りの教会の初代牧師でもある、とも言った。群衆が一斉に叫び声をあげた。しかし、私のような照れ屋の英国人は、このようなスタジアムで行われる自己啓発セミナーなどで大声を出すのは苦手だった。仕方なく、会場の雰囲気に圧倒されて、ボソボソと小声で唱和するしかなかった。

ステージには、「やる気！」と「成功！」と書かれた二枚の大きな横断幕がかけられ、一七枚ものアメリカ国旗と大きな鉢植えが並んでいた。「これがあなたの人生を永久に変えるものですよ」。私にそう言ってから、シュラー博士は観衆に向かって吠えるように叫んだ——「削除せよ！」——そして、一息ついてから再び叫んだ。「あなたがたの人生から『不可能』ということばを！　削除せよ！　永久に削除せよ！」

観衆は火がついたように盛り上がったが、私は気分が滅入っていくのをどうすることもできなかった。この「やる気を出せ！」のような集会では、純粋にポジティブなパワーがすべてであって、他には何も期待できないことを、私ははじめから理解しておくべきだったのだ。「あなたは、あなた自身の運命の支配者である」。シュラー博士の演説は続いた。「大きく考えよ！　そして、さらに大きな夢を持て！　あきらめていた希望を蘇らせよ……『人生のいかなる場面』でもポジティブ思考を働かすのだ！」

要するに、シュラー博士の理論は、いわばポジティブ思考を凝縮した教義のようなもので、決して複雑なものではない。もっぱら幸福と成功について考えることにしなさい——悲しみや失敗の亡霊は頭から追放しなさい——そうすれば、自然に幸福と成功を手にすることができますよ、というものだ。

ちなみに、本日のセミナーのために印刷されたキラキラのパンフレットによると、予定されているスピーカーの中にジョージ・W・ブッシュ前大統領の名前があった。彼は数時間後に基調演説をすることになっている。世界中の人々が成功者とは決して思っていないこの人物の登場には唖然とさせられるが、今更異論を唱えてみても所詮は「ネガティブ思考」として一蹴されるだけだろう。シュラー博士によれば、「ポジティブ・パワー」を批判する者はそのパワーを一度も体験したことがないことを白状するようなもので、一度でも体験していれば、そんなことで不平不満を言うはずがないのである。

自己啓発セミナーへの潜入

「やる気を出せ！」の主催者はこの集会を自己啓発セミナーと自称しているが、それはどこか薄暗いホテルのホールで開かれる講演会のような規模のものではない。北米の各都市を巡回しながら毎月一度開催し、今や世界のポジティブ思考業界の頂点に立ち、スピーカーには著名人が名を連ねている。たとえば、レギュラー・メンバーとしてミハイル・ゴルバチョフとルドルフ・ジュリアーニ、コリン・パウエル元国務長官など、かつて世界的に著名だった大物政治家たちだが、最近では極端に影が薄くなっているようにも思える。もしあなたもそう思うなら、「やる気を出せ！」セミナーへ行ってみるといい。彼らの元気な姿を見ることができるだろう。

これらかつての著名人の登場にふさわしく、ステージ周りは華やかに飾られ、ステージ上では幾筋ものスポットライトが舞い、音響システムからはロック風にアレンジした賛美歌が流れ、さらには豪華な花火まで打ち上げられた。舞台に上がったスピーカーたちは、降り注ぐ火花と煙幕の歓迎を受けるのである。このような舞台効果は、いやが上にも観衆の興奮を高めていった。観衆の多くは雇い主から特別休暇をとってこのセミナーに参加していたし、雇い主の多くは、ここを職業訓練の一つとみなしていた。同じ訓練でも軍隊の場合は非常に厳しいのが通例だが、このセミナーは軍隊一般の職業訓練と同様に扱われた。サン・アントニオのスタジアムでは、たくさんの席が地元基地の軍人たちによって占められていた。

私がここで今やろうとしていることは、厳密に言うと「隠密の仕事」だった。というのは、「やる気を出せ！」運動の裏にはタマラ・ローという自称「世界一の女性自己啓発運動家」がいたのだった。彼女は夫と一緒に当セミナーの運営会社を経営していた。私はその実態を探ろうとしていた。この会社は、表向きは否定しているが、記者に対して偏見を持っており、記者はネガティブ思考に傾倒する悪名高い人種だとして、受け入れを拒絶してきた。そこで、私は用心のため「自営のビジネスマン」と偽って潜入したのだが、結局その必要などなかったことが後になって分かった。というのは、私の身分はすでにお見通しで、私がノートにメモをとっている様子を警備員がしっかり見張れるように席はステージから遠く離れた場所に置かれていたからだ。私のチケットの上には、「主賓席」と書かれていた。他にも特別席として「幹部席」と「ＶＩＰ席」とがあるそうだが、実際の席はスタジアムの最上階の一画にある硬いプラスチック製の脚の長い腰掛けで、長く座っていると尻がいたくなる代物だった。

でも、私はその椅子に感謝しなければならなかった。偶然にも、私の隣に座った男が、私の見たところ、このスタジアムの中では珍しい皮肉屋の一人だったからだ。手足の太い、愛想の良い警備員で、名前をジムといった。時折思い出したように跳び上がり、嫌みたっぷりに「やる気が出てきたぞ！」と叫ぶのだった。雇い主の米国国立公園局の要求でこの集会に参加しているそうだ。なぜ公園当局は有給休暇を与えてまで警備員をこの集会に送り込むのか――彼は明るく笑いながら「おれの知ったことじゃないよ！」と答えた。

シュラー博士は演説のペースを速めていった。「私が子どものころ、人間が月の表面を歩くなど不可能だった。心臓を移植することも不可能だった……今や、これら『不可能』という言葉がいかに馬鹿げているか、わかったのである」。そう言ったシュラー博士は、間を置かずに次の話題に入っていった。「人間の失敗は任意である」という主張を始めたのである。彼の著書『積極的な考え方で成功する――シュラーの成功法則』（産業能率大学出版部）やその再版『シュラー博士の願いをかなえる一番いい方法――人生すべて思いのまま』（三笠書房）を読むとわかるように、シュラー博士は明らかに議論よりもインスピレーションを大切にしていた。

ともかく彼がしていることは、当日のメイン・スピーカーを盛り上げるための前座だった。それから一五分もしないうちに、シュラー博士は観衆に向けて、堅く握り締めた拳を勝ち誇ったように高々と挙げながら、大股でステージを去り、賛辞と花火の中へ消えていくのだった。ポジティブ思考の成功物語を絵にしたような光景である。

そのわずか数カ月後。ニューヨークの自宅で朝のコーヒーを飲みながら、新聞の見出しをひろい読みしていると、アメリカでもっとも大きなガラス張りの教会が裁判所に倒産を申し立てた、というニュースが目に飛び込んできた。どうやら、シュラー博士は「倒産」という文字を自分の辞書から消し去るのを怠っていたようだ。

ここでもっと根本的に考えてみよう。そもそも、幸福こそが第一に追求されるべき正当な目標である、などと言いだしたのは誰なのか？　宗教家や哲学者・心理学者でないことは明らかだ。宗教家なら現世の幸福にこだわらないだろうし、哲学者たちも全員が一致してこれを支持している訳ではない。進化心理学者に至っては個々人の幸福にまで興味は持っていないはずだ。

百歩ゆずって、幸福を真に価値ある目標として追求するものだと仮定しても、そこには意外な落とし穴が待ち受けているのを忘れてはならない。つまり、幸福は目指せば目指すほど、手にする機会が少なくなる、という性質のものだ。哲学者のジョン・スチュアート・ミルは言っている。「今私は幸せか？　と自問してみなさい。とたんに、幸せな気分など消えてしまうでしょう」。幸福は、せいぜい目の端でチラッと見るもので、じろじろと眺めるものではないようである（だから、人は今現在の幸せよりも、過去の幸せを何度も繰り返し思い出そうとする）。

さらに悪いことに、「幸福とは何か？」つまり「幸福の実体」について、言葉で正しく定義することなど不可能ではないか、という気がする。仮に定義できたとしても、おそらくは地球上の一人ひとりが違う定義を下すことになるだろう。これらのことから、結論として、「どうすれば幸福になれるのか？」などという問いそのものが間違っているのであって、われわれ自身にも答えようのない愚問ではないのか、もっと別の建設的な課題に取り組むべきではないのか、などと考えたくなる。

今さら述べるまでもないが、**現代の社会で幸福を探求するための手本とされているさまざまな自己啓発本は、はっきり言って、われわれを幸せにすることなどめったにない**。自己啓発本の出版社の何社かが仲間同士で「一八カ月ルール」と呼んでいる面白い現象が起こるのも、ここに理由がある。つまり、ある悩みをかかえた読者が悩みを解消するためにある自己啓発本を買って読んだとする。彼は一八カ月以内に、次の自己啓発本を買うだろう。なぜなら、最初に買った本が読者の悩みを解決してくれなかったからだ。こうして、次々と自己啓発本を読みあさるのだが、どれ一つとして役に立ちそうにない。このような循環現象が通常起こっていることは、実際にどこかの書店へ行って自己啓発本の書棚を冷静な目でながめてみるだけで分かる。

確かに、人間としての悩みや問題の解決を一冊の書籍サイズにコンパクトにまとめたい気持ちはよくわかる。だが、どの本の中身を開けても、多くの場合ありふれた常識的なことしか書かれていない。たとえば、スティーヴン・R・コヴィー著『完訳7つの習慣――人格主義の回復』（キングベアー出版）に書かれているのは、「あなたの人生で一番大切なことをまず決めなさい。そして、それを実行しなさい」ということであり、D・カーネギー著『人を動かす』（創元社）に書かれているのは、読者へのアドバイスとして「反抗的な態度をやめて気持ち良く振舞いなさい」とか、「できるだけ相手をファースト・ネームで呼びなさい」などといったことである。企業の経営マニュアルも同様である。スティーヴン・C・ランディン、ジョン・クリステンセン、ハリー・ポールの共著本『フィッシュ！――鮮度100％ぴちぴちオフィスのつくり方』（早川書房）は、従業員の幸福感と生産性を高めるためのユニークな職場活性法を紹介するもので、具体的には、ある魚市場の活気にヒントを得て、その職場の一番の働き手に小さなおもちゃの魚を保持させるというものだ。

ところが、記述内容が具体的になっていくと、大物先生たちの主張が一般の研究家たちから支持されなくなる傾向が見られる。実例を挙げると、たとえば「怒り」などは、自己啓発家の言うような方法で発散させても解消できないことが多い。また、ゴール（目標）を設定して具体的にイメージ化（ビジュアリゼーション）しても人生の目標達成にはつながりそうにない。しかも、今では定期的に公表されるようになった国民別の幸福度について言えば、もっとも幸せな国民だと感じているのは自己啓発本が一番多く売れている国ではなく、ましてや心理療法士が広く活躍している国でもないという。このようなショッキングな事実からわかるように、自己啓発や精神療法に代表される「幸福産業」は国民の幸福願望を十分に満たしていないばかりか、それを食い物にして、逆に事態を悪化させているのではないかとさえ思われる。

ポジティブ思考で惨めになる？

そこで私は、ふと、あることに気づいた。ジャーナリストとして数年間、心理学の分野の取材報道に携わってきた経験に基づく考えで、おそらくすべての心理学者や哲学者、それに一部の自己啓発の大物からも共感を得るだろうという自信を持っている。すなわち、われわれは絶えず**不安や心配、失敗、悲しみ、不幸などのネガティブな感情を排除しようとし、懸命に幸福を追求しようとするが、その努力はしばしば空回りし、自らを惨めにする結果に終わる**のではないか、という考察である。

事実、この私の指摘に対し心理学者たちからは何の反発も失望も起こらなかった。逆に彼らは、それこそが幸福へ通じる新しい道筋、すなわち「ネガティブな道筋」かもしれない、と論じたのである。言い換えると、われわれが日ごろ何とか回避しようとする不安や心配などネガティブな心象や事象に対して、開き直って、正面から堂々と対峙し受容するというスタンスをとるべきだとしたのである。具体的には、世の中の不確実性をエンジョイし、自ら抱く不安を慈しみ、前向きな考えを避け、不成功や失敗とも仲良くし、さらには「死」への敬虔な気持ちを持ち続けることなどである。

要するに、本当に幸せになるためには、できるだけ多くのネガティブな心情を経験するか、少なくとも、それらネガティブな心情から逃れようとしないことが必要だとしたのである。確かに、ネガティブ一色の考え方は一般の人々にとってにわかに受け入れ難いかもしれないが、少なくとも、今までの常識的な幸福感やその達成方法について見直すきっかけとなることは間違いない。

この「ネガティブ思考」を推進する力は、今のところ「ポジティブ思考」のようには強くないが、見方によっては長い立派な歴史を持っているのである。というのは、古代ギリシア・ローマ時代のストア哲学の中にすでにこの考え方を見出すことができるからである。古代ストア哲学では、「物事が将来どこまで悪くなるのか」を常に重視し、そうすることによってもたらされるメリットを強調している。これはまた、仏教の核心に近い思想でもあり、真の安全というのは常に無限の不安な感情の中にあって、今も将来も決して堅固な地上に立つことはありえないとしている。またこのネガティブ思考は、死者の魂を祝うヨーロッパ中世のメメント・モリ（死をわすれるな）という伝統行事をささえている思想でもある。さらには、今や評判の精神界の指導者エックハルト・トールやその他のニューエイジ時代の作家たちが、最近の認知心理学を舞台に、自滅的なポジティブ思考を盛んに批判している。

このネガティブ思考の根底に流れているのは何か？　それは「the law of reversed effort」または「backwards law」と呼ばれる「逆行の原理」である。これは、一九五〇～六〇年代の反体制文化の旗手であった哲学者アラン・ワッツが小説家オルダス・ハクスリーに倣って名付けたもので、個人生活から政治まであらゆる場面に適用できる原理原則である。つまり、あらゆることをうまく処理しようと努力すると、反対の結果が生じるというものだ。ワッツ自身の言葉を引用すると、「水の上に浮かんでいようともがくと沈み、潜水しようとすると浮き上がる」というのがある。また、ハクスリーも書いている、「明確な意図をもって何かをしようと努力すればするほど、成功はおぼつかなくなる」と。

ポジティブ思考の問題点を研究している第一人者の一人、ダニエル・ウェグナーという心理学教授はハーバード大学の「メンタル・コントロール・ラボラトリー（精神コントロール研究所）」の責任者でもある。ちなみに、この研究所はその名前からＣＩＡが資金を出して設立した「洗脳」のための研究所と誤解されやすいが、そうではない。教授の研究分野は「アイロニック・プロセス・セオリー（皮肉なプロセス理論）」として知られる精神心理学で、「ある思考や行動を抑制しようとする努力は、皮肉なことにそれらをより広く普及させる結果に終わる」というものである。

ところで、私と教授の出会いはちょっぴり気まずいものだった。というのは、私が教授の名前をうっかり「ウェンガー（Wenger）」とタイプミスして新聞のコラムに載せてしまったからだ。教授はすぐに電子メールで「名前ぐらいは正確に書け！」という不機嫌なメッセージを送ってきたきり、その後私がいくら弁明しても受け入れてくれそうになかった。当然ながら、その後の私と教授のコミュニケーションは、多少緊張気味に推移せざるを得なかった。

余談はさておき、ウェグナー教授が生涯の大半を捧げた研究は単純な室内ゲームに端を発した。このゲームは、少なくともフョードル・ドストエフスキーの時代にまで遡り、通説では、彼が弟を悩ませるためによく利用したものらしい。ゲームはチャレンジ形式で進められる。まず、相手に質問をする――「まる一分間、シロクマのことを考えずにおれるかな？」――もちろん、あなたには正解はわかっているはず。だが、これが質問ではなく、「シロクマのことを考えるな」という指示だとしたら――相手はやってみるしかないのである。あなたも試してごらんなさい。たとえ一〇秒でもいいから、シロクマのことを考えないように――はい、それでは始めますよ！

お気の毒に、結果はあなたの負けですよ。

ウェグナー教授のアイロニック・プロセス・セオリーは、アメリカの大学生たちを相手に、この程度のレベルで始まった。しかし、その後、学生たちにそれぞれの内心の独り言を声に出して語るように要求することで、それまでより深化させることができた。これは、思考のプロセスを追跡するのにはどちらかといえば粗雑なやり方なのだが、にもかかわらず、その口述記録には本人の無益な心の葛藤がいきいきと記されているのである。次に示すのはその典型例である。

もちろん、今おれが考えようとしているのはシロクマしかない……だが、考えちゃいけない、シロクマのことは！　うーん！　それまで、おれは何を考えていたのだろう？　そうだ、これからは花のことを考えるぞ、思いきりたくさんの花を……よし、それでいい。あー、だめだ。何とひどいのだ、この指の爪は……おれが欲しいものは、いつだってそうなんだ……うーん……何を話しても、何を考えてもいい、ただシロクマだけは考えるなよ！　でも、そう思えば思うほど、ますます考えてしまうのだな、シロクマのことを……

言うまでもないが、このシロクマのゲームは誰がやっても勝てないゲームである。ウェグナー教授は、あえてこのわかり切ったゲームを起点にして研究を進めていったのである。研究が進むほどに、教授の疑念は深まっていった。このシロクマのイメージを抑えようとする懸命な努力がことごとくだめになるのは、人間の内面のある心理的なメカニズムが原因で、ひょっとしてこのメカニズムは人間の他のすべての精神活動や行動をも支配しているのではないか、と考えたのである。結局のところ、シロクマのチャレンジは、われわれの人生でうまくゆかないことの喩《たと》えではないのか？　どうしても避けたい結末に対して、無意識のうちに磁石のような力で惹きつけられることが頻繁に起こっているではないか？　たとえば、バイクを運転するとき、前の道路についた車のわだちを避けようとしながら、ハンドルをとられてわだちにはまってしまう。会話の中で相手の感情を害するようなことはしゃべるまいと心に決めていても、つい口がすべってしまって身のすくむ思いをすることもある。ワインの入ったグラスの盆を両手でしっかり持って、ひたすら「こぼすまい」と念じながら部屋を横切るが、客の前に出たとたんに緊張から手元がくるい、グラスをカーペットの上に落としてしまうこともある。

本来正常に働くはずの自制心を時として逸脱するのが「シロクマ現象」だが、これとは別のやはり皮肉な「心理学的エラー」が起こる可能性が魂の奥深くに（われわれの性格の核心に近いところに）潜在していることも分かっている。エドガー・アラン・ポーが『The Imp of The Perverse（天邪鬼《あまのじやく》）』という短編で「天邪鬼」と呼んでいる本能的衝動のことで、正式な名前はないが、誰もが経験するはっきりした衝動心である。たとえば、急峻な断崖を歩いているときや、高層ビルの展望台へ登ったときに、思わず身を投げ出したくなった経験があるだろう。もちろん、自殺の意図などあるわけがなく、本当にそうすると大変な結果になるだろうな、と想像するだけなのである。

ウェグナー教授によると、これらの心理現象は、われわれ人間特有のメタ認知の能力が機能不全になった状態だという。メタ認知というのは、思考そのものを思考することで、思考の思考とも呼ばれている。思考がそれ自身を思考の対象にするとき、メタ認知が可能になる、とウェグナー教授は言う。大抵の場合、このメタ認知はわれわれ人間にとって非常に役に立つ技術なのである。というのは、人間は時には理性を失ったり、落ち込んだり、不安にかられることがあるが、そんな不安定な思考（心理状態）を客観的に認知し、適切な対策を講じるように促してくれるからだ。しかし、メタ認知による思考を利用してその目的となる通常の思考を直接コントロールしようとすると、問題が生じるのである。たとえば、シロクマのイメージを避けねばならないというメタ認知的思考でその後の思考を抑えつけたり、憂鬱な考えを無理やり幸福な考えに変えようとしたりする場合がそうである。「メタ思考（メタ認知による思考）は、目的となる思考を適切にコントロールするための指示である。しかし、われわれは素直にその指示に従えないことが時としてある、ということだ」と教授は言う。

実際のところ、必死になってシロクマ以外のことを考え続ければ、ある程度まで成功するかもしれない。しかしスタートと同時に、あなたの心の中にあるメタ認知用のモニター装置にもスイッチが入ることを忘れてはならない。このモニター装置は、あなたが本当にシロクマのことを考えていないかどうかをスキャンするためのものである。ここからが運命の分かれ道となる。もしあなたが頑張って他のことを考えていたり──あるいはウェグナー教授の研究が示唆しているように、心身共に疲れきっていたり、強いストレスを感じていたり、意気消沈していたり、仕事を多く抱え過ぎていたり、その他さまざまな「精神的負荷」に苦しんでいる場合──あなたのメタ認知は正常に機能しなくなる。その結果、モニター装置が異常に強く稼働し始め、認知分野で分不相応のシェアを占め、さらには一気に意識の先端に躍り出ることになる。そして、突然、あなたの頭の中はシロクマで一杯になる。

以上述べた「アイロニック・プロセス・セオリー（皮肉なプロセス理論）」は、われわれの幸福追求のプロセスにも当てはまる。つまり、幸福を求めていろいろ努力してもなかなか思うようにいかない。ポジティブな気持ちで努力しても反対の結果に終わってしまう。こういった現象は、ウェグナー教授のシロクマの実験以来、多くの研究者によって支持され、証明されてきた。

一例をあげると、ある不幸な物語を聞かされた人たちのうち、「悲しまないように」と念を押された人たちは、何も示唆されなかった人たちよりも深い悲しみを覚えたという。また、別の研究では、何人かのパニック障害者たちにリラクゼーション音楽を聞かせたところ、他の種類の音楽を聞いたパニック障害者たちよりも興奮して心臓の鼓動が激しくなっていったという。家族と死別した人の悲しみは深く、逃れようとすればするほど長く続くことは、研究結果にも表れている。性欲は抑えようとすればするほど強くなる。セックスについて考えないように指示された人たちが他の人たちよりも強い性的興奮を覚えていることは、皮膚の電気伝導性で測定されている。

こう考えると、ポジティブ思考をはじめとして、ゴール（目標）のビジュアリゼーション（視覚化）や「やる気を出せ」運動など、自己啓発業界お気に入りの「幸福と成功を達成する技術」には大きな欠陥が含まれているようだ。**ポジティブに考えようと決意した人は、ネガティブな思考が入ってこないよう、絶え間なく心をモニターしていなければならない。**これは、成功を実感するには他に方法がないからだが、問題はそうすることによって、注意の向け先がポジティブ思考からネガティブ思考に移ってしまうことが往々にしてあることだ（さらに悪いことには、もしネガティブ思考が勢力を伸ばし始めたら、「ポジティブ思考に失敗した自分」というレッテルを貼り一連の自責の念に苛まれるという悪循環が始まることもある）。たとえば、シュラー博士の示唆に従い自分の語彙から「不可能」という語を除き、失敗は考えず、成功することのみに焦点をあてようと決心したとする。このようなやり方には多くのトラブルの可能性が含まれているが、中でももっとも悪質なのは、成功プロセスにこだわり、それを自らモニターしようとすることである。その結果、すべてがぶち壊しになり、自滅の道をたどっていくのだ。

自尊心の低い人がアファメーションをすると

ポジティブ思考の障害となるのは、この自己モニタリングだけではない。二〇〇九年、ジョアン・ウッドというカナダの女性心理学者が新たな障害要因を発見した。そのとき彼女がテストしていたのは、繰り返し唱えるだけで気分をポジティブに高揚させると言われている自己満悦的な「アファメーション」の有効性だった。アファメーションとは、「〜したい」「〜になりたい」という願望を「すでに〜である」「〜になっている」と断定して繰り返し唱えることだが、その起源は一九世紀のフランス人の薬剤師エミール・クーエにまで遡ることができる。彼は当時のポジティブ思考の先駆者で、「毎日、あらゆることが良くなっている」と繰り返し唱えることを提唱した人物だ。

アファメーションなんて、ほとんどが陳腐で効果もたいして期待できないのではないかと疑う人もいるだろう。そうかもしれないが、やって悪いことではないことは確かだろう？　いや、この点については、ウッドには自信がなかった。ウッドの理論はウェグナー教授の理論と互換性があるが、「自己比較理論」として知られる別の心理学伝統を拠りどころとしているのである。つまり、われわれは自分自身に関するポジティブなメッセージを好んで聞きたがるものだが、それ以上に何よりも強く望んでいるのは、まず自分自身が首尾一貫して矛盾のない存在であると自覚することである。したがって、今現在の自意識と矛盾するメッセージを聞くと、たとえそれがポジティブなメッセージであっても、またそれがそのときの本心であったとしても、落ち着かない気分になり、受け取りを拒否することがしばしば起こるのである。ウッドの予感はまさにこの点にあった。アファメーションを追求する人たちは本質的に自尊心の低い人たちだが、それだけに、自分自身のイメージに反するアファメーション・メッセージには強く反発するのではないか、と考えた。たとえば、「毎日、あらゆることが良くなっている」というアファメーション・メッセージが与えられたとしても、現実の自分に対する哀れな自意識と相容れない場合、最終的には自意識の一貫性を維持するために拒絶されることになる。こうして、人々は既存の自意識を主張するため、新しいメッセージの侵入を必死に拒み、その結果、もともと低かった自尊心はさらに悪化するのである。

以上の現象は、ウッドの研究過程で実際に起こったことである。一連の実験の一つを紹介しよう。自尊心の高い人たちのグループとそうでない人たちのグループのそれぞれが、一定の時間をおいて鳴るベルに合わせて「私は愛される人間である」という文句を唱和させられた。結果を精巧なムード測定器で測ったところ、自尊心の低い人たちのムードは明らかに減退していることがわかった。彼らは、自分たちが特に「愛される人間」だとは思わずに実験に臨んだはずだ。ところが、実験の中で「私は愛される人間である」と唱えることで自分が本当に「愛される人間」だと無理やり思い込むように仕向けられる。しかし、そう努力すればするほど、実際には、それを否定する意識がより一層強く働くのだった。こうして、「ポジティブ思考」は彼らの気持ちを引き立てるどころか、逆に落ち込ませる結果に終わったのである。

第三の可能性としての「ネガティブな道」

では、幸福への「ネガティブな道筋」とは何かについて、もう少し突っ込んで考察してみよう。それが血気盛んな逆張り投資家の考えるようなものでないことは言うまでもない（近づいてくるバスの前の道路へあえて踏み出すような危険は冒さない）。また、楽天主義を目の敵にして、そこには必ず何らかの欠陥がある、などと主張している訳でもない。わかりやすく言えば、**今までの楽天主義やポジティブ思考への偏向を是正するためのカウンター・ウェイト**だと考えるといい。現代ではすでに、多くの人々がポジティブ思考について何らかの疑問を抱いているのは言うまでもない。だが、たとえ「楽天主義教団」を蔑視している人でも、最終的にはその存在を微妙に承認してしまうのが常である。なぜか？　彼らは、ある信条に同意できない場合、あるいは同意する意思がない場合、黙って引き下がるか、意地の悪い皮肉家になるかしか選択肢がない――と思い込んでいるからだ。「ネガティブな道」はこのように白黒をはっきりさせる二分法には反対で、第三の可能性として「ネガティブ性向」を生かす代案を提案しているのである。「ポジティブ性向」にこだわるのが一種の病気だとすれば、これはさしずめ解毒剤といったところだろう。

強調したいのは、**この「ネガティブな道」が単一のきれいにパックされた包括的な哲学思想ではない**ということだ。解毒剤はしょせん万能薬ではない。しかし、ポジティブ思考や「幸福へのポジティブな道」は、たくさんの重大な疑問を一つのソリューションにまとめようと努める。これに対して「幸福へのネガティブな道筋」は単一のソリューションを求めようとしない。ネガティブな心情や見解を大切にする人もおれば、無関心になることを勧める人がいてもいい。また、極端に型破りな方法で幸福を追求する人や、別の定義の幸福を目指す人や、あるいは幸福の追求も何もかもをあきらめてしまう人もいるだろう。

　ここでいう「ネガティブ」は二つの意味で使われることが多い。一つは不快な経験や心情を指すのであるが、同時に、「しない」ですます術（ポジティブな心情を熱心に追求しない術）を教える幸福の哲学をも「ネガティブ」と評している。そこには多くの矛盾した側面が見られる。たとえば、最終的に幸せをもたらしてくれる心情や環境でもネガティブと呼ぶのか？　逆に、「ポジティブになること」が幸せにつながらないなら、なぜそれをポジティブと呼ぶのか？　ネガティブな性向を幸福の概念に取り込んだとしても、幸福の定義に変わりないのか？　などなどである。どれ一つとして、きちんと答えられないだろう。その一つの理由は、「ネガティブな道筋」の支持者たちが世の中の出来事を、特定の信条に縛られることなく、ごく一般の常識的見地から見ているからだと言える。もう一つの理由は、彼らの考え方の基本には、まさに「幸福に矛盾は付き物だ」という考えがあるからだ。

　本書は、**幸福への「ネガティブな道」をたどった旅の記録**である。マサチューセッツ州の人里離れた森林地帯では静かな瞑想道場で一週間すごし、メキシコでは死者と一緒に祭日を祝い、ナイロビ郊外のスラム街では不安定な環境で生き生きと生活する住民たちと話をした。また、現代のストア哲学者や、失敗作の専門家や、プロの悲観主義者、その他たくさんのネガティブ思考の擁護者と会った。みんながみんな、驚くほど陽気な人たちだった。

　私がまずサン・アントニオのスタジアムを起点にしたのは、楽天主義教団をその極端な状態で見聞したかったからだ。想像していたとおり、ロバート・シュラー博士が華やかに演じるポジティブムードは、誰もが持っている幸福への偏見をことさらに誇張し、扇動するものにすぎないことが判明した。それはそれで結構だが、私にとってありがたかったのは、ポジティブ思考の問題点を純粋に赤裸々な形で目撃できたことである。

　このことを証明する機会は間もなくやってきた。バスケットボールのスタジアムの照明を落とした真っ暗な中で、私は不承不承に椅子から立ち上がらねばならなくなった。というのは、この「やる気を出せ！」のセレモニーを担当する女性司会者が興奮して「ダンス競技会」の開催をアナウンスしたからである。スタジアムの全員が参加しなければならなかった。すると、どこからともなく巨大なビーチボールが現れて観客の頭上を跳ねていった。観客は、音響システムが波状的に発する衝撃音に、ぎこちなく身体を揺らしていた。発表によると、最初の賞品はディズニー・ワールドへの招待券で、ベスト・ダンサーではなかったが、もっともやる気を出して踊っていた者に与えられた（ただし、私には違いがよく分からなかった）。とにかく、私は身体をわずかに左右に揺さぶるのが精いっぱいで、それ以上のことはやる気力も体力もなかった。

　ダンス競技が終わって、主賓のジョージ・ブッシュが到着するまでの間に、私はメイン・スタジアムの外へ出て、法外な値段のホットドッグを買った。そのとき、同じ参加者で品のいい服を着た女性に会ったので話をしたところ、彼女はヘレンという名前で、サン・アントニオからやって来た元教師だそうだ。「なぜここへ?」と質問すると、彼女は「お金に余裕がなくてね」と答えた。一旦は退職したのだが、不本意ながらお金のために復職しようと決めたそうだ。そこで、このセミナーがやる気を起こしてくれるのではないか、と期待してやってきたのだと言う。

「でも、ステージの演説のようなすばらしい思考を四六時中ずっと保っているのは難しいわね、そう思わない?」。そう言って彼女は一瞬、自信のなさそうな表情を見せた。だが、すぐ気を取り戻して、いかにも学校の先生らしく指を振り振り、自分に言い聞かせるように言った。「でも、あなたはそんな風にはお思いにならないでしょうね!」

ジョージ・ブッシュがサン・アントニオのスタジアムに到着する直前になって、突然シークレット・サービスの一隊が姿を見せた。本来ならダークスーツを着てイヤホンを手にどこか目立たない場所にいるはずなのに、今回は厳つい表情をして倍も目立つ格好で人々の前に立った。前大統領を暗殺から護る仕事が、このように明るい方へ顔を向け、何ごとも平穏に進むことを前提にしていてもいいのか? ふと疑問に思えた。

これと対照的に、ブッシュ自身は舞台の上でにこやかに笑いながら、跳び上がってみせた。「さて皆さん、引退するってことはそんなに悪いものじゃないよ。特に、引退先がテキサスとくれば、文句ないね」などと、くだけた口調で切り出してから、おなじみのスピーチを始めた。これまでに何度かやったスピーチの内容と変わっていないのは明らかだ。最初に語ったのは、大統領を辞めてから犬の世話をして時間を過ごしているという気取らない話だった（「もう八年間もせずにすませてきた仕事をやり始めたのさ」と言った）。次に、大統領執務室のカーペットを選んだときの話をした（「大統領職とは意思決定の経験を積むことなのかと内心思った」などと言った）。これが本日のメインテーマかと面食らったが、間もなく本日の主題が「楽天主義」であることがはっきりした。「『将来必ず良くなる』という楽天主義者でなくて、どうして家族や学校、市、州、国を率いていけるのだろうか、私には考えられない」、「皆さんにわかって欲しいのは、私が大統領として最悪の時代にあっても、やがて将来は国民や世界にとって良い時代が来ると信じて、常に楽天的であったことです」と語った。

いちいち具体的に論じる必要などないが、四三代目の米国大統領の発言が、いかに「楽天主義教団」の根底にある奇妙な性格を示しているか明らかである。彼は、自分の政権下で行った数々の失策を無視しようとしているのではない――それら失策を再評価し、あらためて自分の楽天主義的な態度を支持する証しにしたのである。

ブッシュは、自分の政権下ですべてがうまくいっている時代はもちろん、そうでない時代もまた同様に、楽天主義的な将来の展望が有効であったと考えているようだ。何だかんだ言っても結局は、事態が悪化していくときほど楽天的でなければならない、という。言い換えると、一度ポジティブ思考の信条を持とうと決めたら、どのような結果が起ころうとも、すべてがポジティブ思考のせいであり、その正当性を証明するものに他ならない、と考えるようになる。そうすると、あなたの次の行動が悪い方向に向かうなどと考える余裕はなくなるのである。

このように、「結果がどうであれ（どれほどコストがかかっても）ポジティブであればいい！」という、奇妙にも反証を認めない信条は、果たして現実に危険を及ぼす恐れがないのだろうか？ブッシュ政権の外交政策に反対の人たちは、その恐れが大いにあると考える。社会評論家バーバラ・エーレンライクが二〇一〇年の著書『Smile or Die: How Positive Thinking Fooled America and the World（ほほ笑みか、死か：ポジティブ思考がアメリカや世界にもたらした欺瞞）』に述べている内容の一部を紹介する。二〇〇〇年代の後半に起こった世界的な金融危機の原因として正当に評価されていないことの一つに、アメリカの企業風土を挙げることができる、とエーレンライクは言う。たとえば、何ごとであれ、失敗の可能性を考えることは（会議などで声高にしゃべるのは言うに及ばず）恥ずかしく非礼な行いであるとする考え方である。そのため、偉大な野心家に報いようとする風潮の中でナルシシズムをかき立ててきた銀行家たちは、利己主義に基づく夢と具体的な結果との区別ができなくなってしまったのだ。他方、必死になって思い込むとどんな願いも実現すると考えている人たちが自分の持ち家を購入しようとするとき、ついつい支払い不能な住宅ローンを求めてしまったのである。

不合理な楽天主義が金融界をすっぽり覆う一方で、自己啓発業界のプロたち――大物作家や講演者やセミナー開催者など――は、楽天主義のうま味を存分に享受していたのである。ポジティブ思考がそれ自体でビジネスを形成している今や、『何ごともひたすら努力すれば可能になる』というすばらしい情報が広まり、より少ない報酬とわずかの安全保障で、より長時間働かねばならなくなった従業員にとっては有益なメッセージとなった。同時に、それは会社の経営者たちにとっても、気持ちを解放するありがたい考えであった。財務諸表やこまごまとしたリスク分析などで悩むことに何の意味があるのか？　目のくらむような債務残高や債務不履行準備金の公開などで心配しなければならない理由がどこにある？　良いことが起こると信じている楽天主義者には、それ相応の良いことがやってくるというのに……。

エーレンライクによると、このような考え方は一九世紀のアメリカの、特に「ニューソート（新思考）」として知られる半宗教的な運動にまで遡るという。当時アメリカで支配的な宗教といえば、陰鬱なメッセージで知られるアメリカ式カルビニズムだった。信徒には容赦ない重労働を課し、死後は永遠に地獄で過ごすことになっていると説く宗教だが、これに反逆して起こったのがニューソート運動だった。ニューソートが提唱したのは、人間はそれぞれの精神力によって幸福と世俗的な成功を勝ち取ることができるというもので、これと同根の新宗教である「クリスチャン・サイエンス」によると、この精神力は肉体的な病気すら癒すことができるという。しかしながら、エーレンライクが明言するように、ニューソートは、カルビニズムが課す重労働に代わってポジティブ思考という独自の厳しい義務を信者に課しているのである。旧宗教（カルビニズム）が原罪を糾弾するように、ニューソート運動はネガティブ思考を激しく批判している。信者に対しては、ネガティブ思考が入り込まないように絶えず内省することを課しているのである。社会学者のミッキー・マギーに言わせると、「新しくお墨付きを得た楽天主義の下で自己修練を果てしなく続けることが、成功のみならず、この世での救済につながる道」なのである。

ジョージ・ブッシュの演説は、このように崇高な伝統に立ってなされたものだが、それはあっという間に終わってしまった。彼は宗教の話をしたが、二〇〇一年九月一一日のテロについては問題の解明に程遠い逸話を紹介しただけ。後は軍隊の功績を称賛して、「グッバイ！　ありがとう、テキサス、ここに戻れて良かった！」――そう言いながらボディーガードたちに囲まれて去っていった。観衆のどよめきの中で、私の横に座っていた警備員のジムがホッとため息をついて、誰にともなく呟いているのが聞こえた。「やれやれ、これでおれもやる気が出たぜ。そろそろビールを飲む時間かな？」

二〇世紀初頭の小説家イーディス・ウォートンのショートストーリーで、主人公が「惨めになる道はいくらでもあるけど、幸せになる道はただ一つだけ。それはむやみに幸福を追いかけるのを止めること」と言っている箇所がある。この考えは、ポジティブ思考、なかんずく「楽天主義教団」がかかえる問題を痛烈に皮肉っている。ポジティブになろうと頑張りすぎると自滅してしまうという自己葛藤である。しかし、これは考えようによっては、まったく違った形の幸福追求手段があることを示唆するものでもある。つまり、ポジティブになろうとする気持ちを抑えようとすればするほど、逆説的ではあるが「幸福へのネガティブな道」が見えてくるのではなかろうか？

この考え方は一見不思議にも思えるが、次のようなたとえ話を聞けばよく理解できる。それは、「中国のフィンガートラップ」と呼ばれる幼児むけのいたずらおもちゃである（もっとも、中国で発明されたものではなさそうだが）。ネバダ大学の心理学者スティーヴン・ヘイズは非生産的なポジティブ思考に対する容赦ない批評家で有名だが、彼はこのおもちゃの箱をいつもオフィスの机の上に置いて、そのからくりを説明してくれる。それは、薄くはがした竹を編んで作った一本のチューブで、両側が人間の指が入るほどの断面になっている。不用意に人差し指を片方の端に突っ込むと、罠にかかったように抜けなくなる。しかも、抜こうと努力すればするほど、チューブの両端は締まっていくのだ。この罠から逃れるには、引っ張る力を緩めて、逆に少し指を押し込む方法しかないのだ。

第 2 章

恐れているほど
悪くはならない

—— ネガティブを強さに変えるストア哲学

悲観主義も、慣れると、楽観主義と同様に納得できる。

——アーノルド・ベネット著『Things That Have Interested Me』より

ある春の朝、ロンドンの地下鉄はいつものように「ちょっとした遅れ」が生じており、すし詰めの通勤客のほとんどは「あきらめ気分」になっていた。ただ一つだけ違ったのは、これから数分後に、私にとって一世一代のぞっとするような挑戦が待っていたことだ。電車がチャンスリー・レーン駅に近づき、自動アナウンスが流れる前に、満員の乗客に向けて大声で「チャンスリー・レーン」と叫ぶことにしていたのだ。さらに、行く先々の駅でも到着前に同様に叫ぶというものだ。

確かに私にとって「ぞっとする体験」ではあったが、読者の中には、捕虜になったり、生き埋めにされたり、あるいは飛行機に乗っていて乱気流に遭うなど、もっとひどい経験をした人もいるだろう。そんな人たちから見れば、私がこれからしようとしていることなどは自作自演のお芝居にすぎないかもしれない。しかし、私は掌に汗をかき、鼓動が激しくなっていくのを抑えることができなかった。今までにこれほどまでに恥ずかしい思いをした経験がなかったからだ。

私がわざわざ恥をかく行為をしようと決心したのには理由がある。それは、現代の心理学者アルバート・エリス（二〇〇七年死去）の示唆に触発されたからに他ならない。エリスはこの種の行為を儀式化して、古代ストア哲学を再演しようとした人物である。ちなみに、ストア哲学者たちは、**人間の「幸福への道」は自らのネガティブな性質によって決まる**と主張していた。これを証明するため、エリスは「地下鉄駅での訓練」と称する実践行為を推奨していたのである。これは元々、ニューヨークで心理療法の患者を治療するために考案されたものだが、一般の人たちにも適用しようというものである。もっと分かりやすく言えば、人間は自らの理性的な判断にあえて逆らってでも「不愉快な体験」をすれば、結局は予期しなかった目に見えない恩恵を得ることができる、ということを実証しようというものだ。

ストア哲学はギリシアで生まれ、ローマで成熟した。「禁欲主義」と混同されがちだが、あの地下鉄の乗客たちのように文句一つ言わずラッシュアワーの混雑を我慢することを意味するものではない。本当のストア哲学は、単なる禁欲とは比べものにならない強靭な意志の力によって、力強くたくましい「冷静さ」を育むものである。

エリスの推奨する実践課題の目的も、まさにこの点にあった。具体的には、自分自身の羞恥心や自意識、他の人たちの思惑などに対して直接堂々と向きあえる強い信念を、暗黙のうちに育もうというものである。そのための「不愉快な体験」なのである（とはいえ、はじめこそ不安であっても、思い切ってやり遂げてみると、当初恐れていたほど不愉快にならなかったことに気づくのである）。

他人の思惑などまったく気にしない人は別にして、普通の人なら、私が今まさにこの地下鉄で感じているドキドキする前向きな気持ちは分かってくれるだろう――その反面、一種のネガティブな気持ちが湧いてくるのも事実だった。

この車両には私の個人的な知り合いは誰も乗っていないじゃないか。仮に私を狂人だと思う人がいても私にとって失うものなど何もないはずだ。しかも、私自身が過去に何度も経験していることだが、急に大声で話しはじめても気にする人など誰もいないだろう。結局はみんなから無視されるだけではないのか。今まさに私が体験しようとしているのは、悪くてもせいぜいこの程度でしかない。しかも、周囲の乗客たちはわいわいがやがやとやたらにぎやかに話をしているが、私がこれから叫ぼうとしているのははっきりした駅名であって、公共サービスの一つだとも言える。また、周囲の iPod から漏れてくる音のようにイライラさせるものでないのも確かなのだ。

それでいて、何としたことか？　気がつかない程度にスピードを落としはじめた電車が、チャンスリー・レーン駅に近づくにつれて、私は思わず吐き気をもよおしてきたのである。

「引き寄せの法則」の問題点

世の中には、「幸福への道」と称してさまざまな方策や方便が提唱されているが、それらの背後には「今手がけている案件に集中せよ」といううきわめて簡単な思想が共通して流れているようだ。自己啓発の世界でこのような考え方をもっとも端的に表しているのが「ポジティブ・ビジュアリゼーション（積極的視覚化）」という技法である。言い換えると、「物事が順調に進行する様子を頭に描きなさい。そうすれば、実際にすべてがうまくいく可能性が増大する」という主張なのである。

ニューエイジ運動ではこれをさらに強調して「引き寄せの法則」という概念を編み出した。もしあなたが富を得、他人と仲良く付き合い、健康を維持したいなら、ビジュアリゼーションを実行する以外に方法がない、というもので、その理由として「人間には自らが頭に描く自画像に何とかして近づこうとする根深い性向がある」と言われている。これは、『積極的考え方の力』（ダイヤモンド社）の著者ノーマン・ヴィンセント・ピールが一九八〇年代に投資銀行「メリルリンチ」の経営者を前に述べた言葉でもある。「自分自身が神経質で欲求不満の人間だと思っている人は、間違いなくそのような人物になるでしょう。とにかく、他人より劣っているという意識を保ち続けると、それは知らず知らずのうちに潜在意識に浸透し、結局はその通りになってしまいます。反対に、自らの才能と能力を信頼して、常に系統だって、自制心をもって思考し、行動することができると思っている人は、そのようになるのです」。しかし、メリルリンチはその後二〇〇八年に財政破綻をきたし、バンクオブアメリカの救済を受けねばならなくなった（読者のみなさんは、これをどう判断するだろう？）。

ともあれ、ピールのくどくどしい口調は別にしても、根底に流れる考えに異をとなえることは難しいだろう。一般的に言って、将来の姿は、できることなら楽観的であるに越したことはない。やる気を起こし、将来の成功のチャンスを最大にするには、将来こうあってほしいと望むことに神経を集中させることが大切で、望んでいないことに神経を使うよりはるかに意義のあることである。あなたが就職試験の面接を受ける場合、たとえ間違っていても合格すると想定して臨む方が良い結果をもたらすことになるだろう。誰かをデートに誘うときは、相手が必ずＯＫしてくれるものと信じて準備することが肝心である。

このように、われわれが物事の明るい面を見ようとする傾向は、人類の生存・進化に深くかかわっているのかもしれない。つまり「順調な心理状態では、物事がうまく運ぶ確率の方が実際の確率より大きく感じられる」ということだ。これを科学的に証明したのは、神経科学者タリ・シャロットの書いた『脳は楽観的に考える』（柏書房）である。しかし、このような傾向には重大な問題がある。物事がうまく運ばなかったときの落胆の大きさを考えれば当然のことだろうが、他にもいろいろ指摘すべき問題点がある。

中でも注目に値するのは、ドイツ生まれの心理学者ガブリエル・エッティンゲンと仲間たちが過去数年かけてポジティブ・ビジュアリゼーションの実験を行った結果発見した衝撃的な事実で、「将来についての積極的な幻想」の正体を暴くものである。つまり、**物事をうまく進行させようと考えて過ごす時間やエネルギーが長ければ長いほど、当事者の達成意欲は削がれていく**ということだ。たとえば、実験の対象者を二つに分け、一方には、どうすればその週の仕事の効率を上げることができるかを前もってよく考えるように促し、もう一方には、何の指示もせずにただ仕事に熱中することだけを要求したところ、後者の方が前者より効率の高い仕事をしたという。

ある特異な実験では、被験者の何人かを多少脱水状態にし、しばらくしてグラス一杯の新鮮なアイスウォーターを飲むイメージのビジュアリゼーションを体験させ、血圧を測ったところ、自己啓発の原理に反して、極端なエネルギーレベルの低下現象が見られた。被験者たちの身体は、何とかして水分を補給したいという動機が高まるどころか、あたかも喉の渇きがすでに治まってしまったかのようにリラックスするのだった。何度も実験を重ねたが、いずれの被験者もポジティブ・ビジュアリゼーションの後ではいつもリラックスする反応を示した。あたかも、潜在意識がビジュアリゼーションと実際の体験とを混同しているかのようだ。

苦悩の原因は外部にはない

もちろん、ポジティブ・ビジュアリゼーションに問題があるからといって、代わりにネガティブなビジュアリゼーションを採用すればいいというような単純な結論にはならない。しかしながら、ネガティブなビジュアリゼーションが古代ローマ時代のストア哲学から生まれた一つの結論であることには注目すべきであろう。

われわれの知っている限りでは、最初のストア哲学者は紀元前三三四年頃に、キプロス島の南海岸にある現在のラルナカで生まれた「キティオンのゼノン」と呼ばれる人物である。

アテネでのゼノンは、犬儒学派の哲学者クラテスに師事して修業を積むが、三世紀のギリシアの歴史家ディオゲネス・ラエルティオスの著書『ギリシア哲学者列伝』（岩波文庫）によると、そこでゼノンが初期に体験したことは、ストア哲学の真髄を理解するのに役立つという。なぜストア哲学が「不合理な信念」に焦点をあて、精神的苦悩と関連付けているのか、という点である。

物語によると、クラテスはゼノンに一椀の「平豆の粥《かゆ》」を与えて、それを手で持ってアテネの街路を歩くよう要求したが、同時にその椀を杖でたたき割ってしまったため、椀の中の粥がゼノンの身体全体にはねかかったそうだ。「粥はゼノンの全身を伝って足まで流れ落ちた」とラエルティオスは書いている。狼狽してその場から逃れようとするゼノンを、クラテスはからかうように呼びもどした。「どうして、お前は逃げようとするのか、何も他人に危害を与えていないのに?」。

あたかも自分が何か恥ずかしいことをしたかのように信じ込んでいるゼノンを嘲ったのである。

ゼノン自身が哲学を教え始めた場所は、アテネの古代集会所の北側にある「ストア・ポイキレ」という彩色柱廊の下だった。これが「ストア哲学」の名前の由来である。その後、この学派の影響はローマに伝わり、後期ローマ時代には著名なストア哲学者を多数輩出した。中でも、エピクテトス、小セネカ、マルクス・アウレリウスの著作は今日でも広く読まれている。

ストア哲学の教義は、当初から、理性を前面に押し出している。そもそも人間は論理的に考える能力を特別に賦与されている。従って、「有徳な」人生——つまり、人間として相応しい人生——を送るには理性に従った生き方をしなければならないという。ローマ時代のストア哲学者たちは、この考えに心理学的な捻りをくわえて、「理性に従った有徳な生き方は平静不動の境地に通じるものだ」とした。この平静不動の境地に到達するには、快楽を追い求める情熱を心から追い出し、代わりに周囲を冷静に観察する一種の冷淡さを育まねばならないのである。そのためには、**ネガティブな感情や行動を避けるのではなく、正面から近づいて詳しく調べてみる必要がある**、というのである。

もし、このネガティブな感情や体験に焦点をあてるのが天邪鬼な方法に思えるなら、ストア哲学者たちが実際に過ごしてきた生活環境を考えてみるといいだろう。エピクテトスは現在のトルコで奴隷の身分で生まれた。後に解放されたが、奴隷時代に受けた虐待で片足が不自由になり、結局その傷が原因で亡くなった。彼とは反対にセネカは貴族の子息で、ローマ皇帝の家庭教師をするなどすばらしい経歴を積んでいたが、最後に不運にも精神錯乱状態の皇帝ネロから反逆の冤罪を着せられ、自殺を命じられた。セネカがネロに疑いをかけられる根拠などまったくなかったが、当時のネロの数々の残虐非道な行為（実母や義弟の殺害、キリスト教徒の集団虐殺など）を考えれば、セネカもその例外ではなかったといえる。ただ、セネカの場合、最初は皇帝の命令どおりに静脈を切断して死のうとしたが死にきれず、毒を飲んだがそれでも死ねなかった。結局、息のつまるスチームバスに入ってようやく息絶えた、という。これらの例から分かるように、ストア哲学はエピクテトスのように恵まれない環境の中で育まれた哲学であり、あるいはセネカのように恵まれた環境に生まれ育っても惨めな最後を迎えねばならなかった哲学なのである。このような哲学がポジティブ思考に傾かなかったのは、むしろ当然といえる。

それにしても奇妙なことに、このようにネガティブな性向を目指すストア哲学だが、正反対のノーマン・ヴィンセント・ピールのようなポジティブな洞察思考と同じスタートラインに立っているのである。すなわち、両者とも、人は気分が高揚したり、落ち込んだりするが、そんなときに重要なのはその人の持っている信念である、という点で一致しているのだ。

通常私たちが悲しくなったり、不安や怒りを覚えたりするのは、周囲の誰かあるいは何らかの事情が原因になっていると考えるものだが、それは「幻想」にすぎないとストア哲学者は指摘する。たとえば、隣の机の同僚がおしゃべりをなかなか止めようとしないとき、あなたの気持ちがいら立ってくるのはその同僚のおしゃべりのせいだと考えるだろう。また、あなたの親戚の誰かが病気になって苦しんでいると聞くと、その人の苦痛の原因は病気に他ならないと思うだろう。しかし、「自分自身の体験をよくよく考えてみなさい」とストア哲学者は言う。それらの外的要因が「おしゃべり」であれ、「病気」であれ、あるいはその他のどんな事象であれ、それ自体が

「ネガティブ」ではあり得ないことに気づくはずだ。もっと言えば、**自分の心の外側で起こるこ**とは何であれ、「ネガティブ」とか「ポジティブ」とか断定できるものではない。実際に問題になるのは、あなたがそれらの外的要因をネガティブに受け止めるか、あるいはポジティブに判断するかである。言い換えると、これらの外的要因に対して抱いている見方あるいは信念によって、その人の心の苦しみも異なってくるのである。同僚のおしゃべりそのものがあなたをいらいらさせるのではない。誰にも邪魔されることなく仕事を早くすませようという目的意識があなたのいらいらの原因なのである。親戚の人が苦しむのをもっぱら病気のせいにするのは、「その人が病気でなければいいのに」というあなたの強い願いに基づくものである（結局、世界では毎日何百万という人たちが病気になっているが、あなたはそれを気にしてふさぎ込むようなことはしない）。

ローマ皇帝でストア哲学者のマルクス・アウレリウスは次のように述べている。「物事が直接人々の心を動かすことはない。人々が動揺するのはそれぞれの内なる考えによるものである」。われわれは、苦悩とは一段階で進行するものだと思っている。つまり、外部世界の何かがあなたの内面の世界に働きかけて苦悩を生じさせるものだと思っている。だが、実際は、二段階で進むのである。外部で起こった事件とあなたの内面感情の間には何らかの考えや信念が存在しているのである。もしあなたが親戚の人の病気を諸悪（不幸）の原因だと思わないなら、あなたがその病気のことで悩む理由などさらさらないはずだ。シェイクスピアはハムレットに次のようなセリフを平然と言わせている。「世の中には、良いものも悪いものもない。ただ、人間がそう考えるから良くも悪くもなるのだ」

言い換えると、たとえ家や仕事や愛する相手を失っても、そのこと自体がネガティブではない。単なる事件にすぎない、ということだ。しかしながら、この考え方に対して、多分あなたは次のように反論するだろう。もしそれらの事件が避けて通れないことならどうする？　家も収入もなくなれば、飢えで死ぬか、破綻するしかないだろう。そしてそれは間違いなくあなたにとって悪いことじゃないか？　にもかかわらず、同じ無味乾燥な論理で、それらを単なる事件だというのか？

これに対しても、上記と同様の論理を適用して答えることができる。あなたが苦しい思いをするのは飢餓や破綻を予測するからである。すなわち、死につながる損失・損害を連想するからだ。優れたストア哲学者A・A・ロングによると、これは現代の認知行動療法の根底を流れている洞察力でもあるが、ストア哲学では、われわれが自分自身の裁量で物事を判断し、その判断いかんによって感情の持ち方が決まってくる、というものである。われわれはいつでも一歩引き下がって自問することができるのです——自分を悩ましているのは他の人たちなのか？　それとも、他の人たちに対して抱く自分自身の判断なのか？　と。ロングが日常生活で絶えず心がけているのは、自分の考え方、物事の受け取り方、判断の仕方を工夫することだ、という。たとえば、車の運転中に突然キレることがある。そのとき、相手のドライバーが本当に悪いマナーで運転していたのか？　それとも、もっと別の方法で運転するべきだとあなたが考えていたからなのか？　といった具合だ。

要するに、重要なのは、**苦悩を引き起こす究極の原因はわれわれ自身の判断や信念にある**ということだ。そして、この点ではストア哲学者とポジティブ思考家とは共通の立場にある。しかし、これ以降は両者の考え方は完全に別方向に向かう。最大の違いは、「将来」についての考え方に現れる。楽天主義の信奉者は、将来に対してできるだけポジティブな信念を持つべきだと主張する。しかし、最初から良い結果を期待するのは、幸福感を味わう上で決して賢明なやり方ではない、とストア哲学者は指摘する。

第一に、ガブリエル・エッティンゲンの実験が証明したように、望ましい結果に最初から焦点を合わせると、目標を達成しようとするせっかくの意欲が減退するという現象が見られるからである。

さらに一般的に言えば、いつまでも楽天的であり続けることは、物事がうまく進まなくなったときに受けるショックを大きくするだけである。ポジティブな思考家は、将来に向かってもっぱら前向きな信念を維持しようと懸命に努力するが、物事が最終的に抜き差しならなくなったときに備える心構えが十分でない。そのため、窮地に追い込まれると他の誰よりもより深刻な苦悩を経験することになるのだ。しかも、物事が思うとおりに進まなくなるのは、突然予期せずに起こる現象であり、それだけ潜在リスクを抱えていることになる。ひたすらにポジティブな視線でしか物を見ないという態度を続けると、絶えず無理をしてでも欠陥を補充しなければならなくなる。もし、そのような努力が行き詰まったり、何らかの予期しないショックから回復しきれなかったりした場合、その人は他の誰よりも深い暗黒の淵に沈みこまねばならないだろう。

これに対し、状況をより厳格に見つめ、理性的に判断するのがストア哲学である。ストア哲学者たちは、悪化しそうな事態にも対処できる冷静で洗練された持続可能な提案をしている。それは、一言で言うと、**誰もが想像すらしたくない最悪のシナリオを意識的にとりあげ、正面から取り組もう**というものだ。『欲望について』（白揚社）を著したウィリアム・アーヴァインが「ストア哲学が提供する中でも最も価値ある手法」としている心理学的方便であり、そうすることで、われわれは幸福へ通じるネガティブな道程の一里塚に到達することができる、というのである。アーヴァインはこれを「ネガティブ・ビジュアリゼーション」と称し、ストア哲学者たちはさらに辛口で「悪事の熟考」と呼んでいる。

「悪事の熟考」のメリット

その第一のメリットは極めて直接的な効果になって現れてくる。すなわち、心理学者の間で人間の幸福にとって最大の敵とみなされている、あのありきたりでいらだたしい「ヘドニック・トレッドミル効果」を解消してくれるのである。たとえ小さな電気製品を買ったときであれ、結婚式のような人生の一大事であれ、当初の喜びは時間と共に薄れていくのをヘドニック・トレッドミル現象というが、今楽しんでいる対象もいずれは消失する運命にあること（実際、人間は死ぬとき、それまでに楽しんだことはすべて失わねばならない）を絶えず意識することによって、へドニック・トレッドミルの心理効果を逆転させることができる。**「自分にとって価値ある物はやがてはなくなるだろう」と考えてみると、人間は今の人生を精いっぱい楽しもうとする。**これを繰り返すことで、何度も人生の喜びをかみしめることができるのである。

古代ギリシアの哲学者エピクテトスは次のように書いている。「あなたが何かに愛着を感じたとき、それが永遠にあなたの手もとに残るかのように振舞ってはいけない。あたかもそれが瓶か水晶のゴブレットであるかのように振舞いなさい……あなたがあなたの子どもたちや兄弟、友だちにキスをするとき、あなたが愛している相手はやがては死ぬ運命にあり、あなた自身の思うとおりにはならないことを思い起こしなさい。それらは神があなたに授けた贈り物ではあるが、あなたから切り離せないものではなく、また永遠のものでもない。たとえば、一年のうち一定の季節に実るイチジクや一房のぶどうのようなものである」。エピクテトスはさらに主張した。あなたが子どもに「おやすみなさい」のキスをするときはいつも、その子が明日にでも死ぬかもしれないことをはっきり意識しなければならない、と。この耳障りなアドバイスは、どんな親をもゾッとさせるものだが、エピクテトスは頑として譲らなかった。彼の言うとおりやれば、あなたの子どもへの愛情はいやが上にも増してくるはずだ。また、仮にその子が本当に死んでも、あなたのショックは少なくて済むだろう。

「悪事の熟考」の二番目のメリットは一番目ほど直接的ではないが、より力強い効き目があることは間違いない。それは、不安や心配な気持ちを鎮める「解毒剤効果」である。将来についての不安や心配を和らげるために、われわれが普段試みていることを考えてみるといい。「万事うまくいくだろう」と自らを説得し、安心させようとしているのではないか？　だが、安心は両刃《もろは》の剣である。短期的にはすばらしいが、楽天主義全体について言えるように、絶え間ない補修作業が必要となる。たとえば、不安にとらわれている友だちを一時的に安心させても、数日後にはその友だちは元の状態以上に不安な気持ちになっているのに気づく。悪いことに、安心させるということは実際には不安を増幅させる結果となる。仮にあなたが友だちに対し、彼の恐れているような最悪のシナリオにはならないだろうと言って安心させたとする。しかし、もし最悪の事態になればそれは大惨事になるだろうという彼の信念はかえって強化されるのである。あなたは友だちの不安のコイルを巻いているのであって、緩めているのではない。ストア哲学者たちが指摘しているように、物事が最良の結果に収まらないケースはあまりにも多いのである。

一方で、たとえ物事が悪い方向に進んだとしても、あなたが恐れているほど悪くはならないというのも真実である。失業したからといって、飢え死にする恐れはないだろうし、失恋したからといって、惨めな一生を送ることにはならないだろう。これらの恐れはすべて将来についてのいい加減な判断からきている。というのは、通常、これらの恐れは十分な検討から生まれたものではない、ということだ。たとえば、会社での人員削減のうわさを耳にしたあなたが、心の中でイメージを飛躍させ、生存に必要な物資にも事欠く極貧状態になると思ってしまうのと同じである。恋人があなたに冷淡な態度を示したとたんに、一生孤独な自分の姿をイメージしてしまうのもそうだ。ところが、「悪事の熟考」を実行すれば、これらのいい加減なイメージを合理的な判断に変えることができる。**物事が実際にどれほど悪くなるものか、じっくり考えてみるといい。そう**

すれば、あなたが直感的に恐れていることが現実離れしていることに気づくはずである。失業しても、新しい仕事を見つける具体的な方法はあるはずだ。人間関係に失敗しても、代わりに何らかの幸せを見出すことができるだろう。

現実に起こり得る最悪のシナリオを前もって熟慮することは、最悪のシナリオと直接対決することに他ならない。それは、最悪のシナリオに付随する不安感の大半を吸収し弱らせることにもなる。こうして、ネガティブなビジュアリゼーションは、結局、頼りがいのある冷静な心をもたらすのである。ポジティブな思考が創り出すはかなくももろい幸福とは対照的である。

セネカはこの考え方を論理的に進めて、ある結論に到達した。もし、最悪の事態をイメージすることが心に平静をもたらすのであれば、最悪の事態をあえて直接体験してみるのはどうだろうか？　と考えたのである。彼は書簡の中で一つの課題を提案している。それは、私がロンドンの地下鉄でとまどいながらやった冒険の先駆けとなった方法であるが、私の体験などよりずっと極端なものであることは確かだ。セネカは次のようにアドバイスしている。「もし、あなたの一番恐れることが物質的財産を失うことであるなら、そのような事態が将来決して起こらないだろうと思い込むのはやめて、逆に、もう既にすべての富を失くしてしまったものと想定して行動してみなさい。何日か期間を決めて、その間ごくわずかの貧弱な食事と粗悪な衣類ですごしてみなさい。そして自問するのです。『これが私の恐れていた状態なのか？』と」。これは決して楽しい体験ではない。だが、このような体験をとおして、将来どれほど悪くなるのかと心配していた気持ちと、実際にやってみると決して楽しいものではないがそんなに悲劇的でもないという現実感とのギャップに気づくだろう。最悪のシナリオというものは、やってみれば何とか対処できるものであることが分かるのである。

すっかり知的好奇心をかきたてられた私にとって最大の関心事は、現代版のセネカを見出すことだった。私が見つけたのは、キース・セダンという人物で、ロンドンの中心から列車で北西に少し行ったところにあるウォトフォードという町に住んでいた。

現代版のセネカを求めて

キース・セダン博士の住まいは、ロンドン近郊にもかかわらず、ちょっとした別世界の風情をかもしていた。手入れの行き届いた近隣の住宅からは一段と奥まったところにあり、背の高い生垣に囲まれた敷地の入口には小さな門があった。あの『指輪物語』がロンドン近郊の通勤圏を舞台にしたものなら、作者のトールキンが描いた魔法使いの小屋もさぞやこのような風情であったろうと思われた。昼下がり、雨がはげしく降ってきた。正面の部屋の出窓から中が見えたが人影はなかった。今にもくずれそうなほどにぎっしりと積み上げられた書籍と一緒に、パナマ帽のコレクションがあった。ドアのベルを数回鳴らすと応答があって博士自身が姿を見せた。灰色のあごひげを長くのばし、目をきらきら輝かせ、革のチョッキを着て、頭のてっぺんにはパナマ帽がのっかっていた。彼は「お入りください」と三度続けて言って、雨の中に立っていた私を玄関に通し、横の小部屋へ案内した。そこには、ガスストーブがたかれており、ソファが一つと背もたれの高い肘掛椅子が二つおいてあった。肘掛椅子の一つには博士の奥さんのジョスリンが座っていた。残りのスペースには、これでもかと言わんばかりに本をつめこんだ箱が所狭しと置かれていた。古典哲学の著作物の隣にさらに難解なタイトルの本が押し合うように置かれていた。セダン博士は私をソファに座らせ、コカ・コーラを持ってきてくれた。

セダン夫妻の人生が幸運に恵まれていないことは、一目見て分かった。ジョスリンは早期発症型の関節リウマチを患っており、ひどく衰弱していた。まだ五〇代前半というのに、グラスを持ちあげて口に近づける動作すら困難で、両手を使えば何とかできるが相当な痛みを伴うようである。博士は四六時中彼女の世話をしていたが、博士自身も筋痛性脳脊髄炎（慢性疲労症候群）を患っていた。夫妻は共に博士号を持っており、共に学者としての経歴を積むつもりであったが、ジョスリンの病気のために挫折せざるを得なかったのだ。博士は今、私立のアメリカン大学でストア哲学の通信教育課程の教師をしているが、その仕事もなくなりそうなので、金銭面でも逼迫していた。

でも、この部屋の雰囲気は（多少暖房が効きすぎていたが）、少しも惨めさを感じさせなかった。ジョスリンは自分自身をストア哲学者とは紹介しなかったものの、博士と同じ気質の持ち主であることが私にも分かった。彼女は言った。他人から「頑張れ」とか「積極的になれ」とか言われてもまったく気にならなくなってから、自分の病気が「闇の贈り物」であることを悟り、他人に頼って生活するのはありがたい神の恵みであると考えるようになった、と。彼女の表情は静かで穏やかだった。一方、博士の方は生き生きとしていた。「ストア哲学者であることは、実に不愉快な立場に立つことです」と楽しげに言ってのけた。「幸福について、歴史をとおして人々は重大な過ちを犯してきました。そして今やわれわれストア哲学者がここにいるのです。縁に立っているのです――いや、実際には縁を越えている！――そして、地平線の向こうから大声で叫んでいるのです。『お前たちの考えはみんな間違っている！　考え違いをしているぞ！』と」

博士がストア哲学者になったきっかけは、彼が二〇歳のころに起きた奇妙なできごとだった。ロンドン郊外の彼の家からあまり遠くないところに森林公園があり、そこを歩いていたときの出来事が、彼の人生観を変えたと言う。それは、いわば心の内面で激しく動揺する洞察力のようなもので、しばしば「スピリチュアルな経験」と表現しているものである。「それはほんの短い時間だった」と博士は回想している。「わずか一分か二分続いただけでした。ですが、私はそのとき、突然……」。そこまで言って、少し間を置き、適切な言葉をさがしてから続けた。「私は、万物がどのようにして時空の中で互いに繋がっているかを直接感じとったのです。まるで、宇宙空間を旅しているような気持ちになり、宇宙全体が一つの世界に感じられ、すべてが当初からあるべき形で互いに繋がりあっているのが分かったのです。一つの仕上がった完成品のようでした」

私はコーラを一口すすり、博士の次のことばを待った。

「それは模型おもちゃのようでした」。だが実際は、単なるおもちゃなどにはまるで見えなかったと言いたげだった。博士は続けた。「何かエージェンシーのようなものがすべてを意図的にお膳立てしていたのではないか、と感じたのです。神様が宇宙の外側から紐で操っている風には思えませんでした。お分かりでしょうか？　宇宙全体が神様そのもののように思えたのです」。そこでまた博士はしばらく間を置いた。「いいですか？　おかしなことに、そのときの私は、とりわけ重要なことが起こっているようには感じなかったのです」。こうして、二〇歳のセダン青年は、ほんの一瞬宇宙の神秘の世界に入り込んだものの、すぐに忘れてしまい、家に帰って再び大学での学位の勉強に取り組んだのであった。

しかし、しばらく経つと、わずかこの二分間の記憶がセダン青年の心を悩まし始めたのである。そこで、彼は手掛かりになるものを求めて中国の道教の『道徳経』を読んでみた。さらに、仏教の教えも参考にしたが解答を見出すことができなかった。いろいろ悩んだ末、結局思い至ったのは、あの時、自分に語りかけてきたのは古代ローマ時代のストア哲学ではなかったか、ということだ。彼は言った、「その考えはしっかりと具体的な形で私の心を捉えたようでした。今や反論の余地はありません」。セダン青年が公園で見たのは、ある宗教的信条を映したものだったが、それがストア哲学独自の形式をとっていることに後で気づいたのだ。宇宙全体が神であること──つまり、宇宙には非常に大きな計画があって、いかなる事象も普遍的な「世界理性」に基づいて生じるということ──従って、ストア哲学の目標は、人間も理性に基づいて行動をすることであり、それは宇宙の計画に従って行動することを意味する、というものだ。マルクス・アウレリウスは言った。「宇宙は常に一体であると考えなさい。一つの物質と一つの魂からなっており、何が起ころうともそれは起こるべくして起こっているのだ」と（もっとも、この著名なストア哲学者の考え方が現代の世俗主義者にすんなり理解されるものでないことは明らかだが）。宇宙を

「神」と言い換えてもいいだろう。表現の問題にすぎない。だが、この問題は、後ほど考察することにする。
宇宙の支配者が誰であれ、われわれの日常生活にとって重要なことは、人間一人ひとりには宇宙をコントロールする力など皆無である、という認識である。博士とジョスリンは、極めて辛い方法でこれを体験してきたのだ。できれば関節炎や疲労症など患いたくなかったはずだ。そして金銭的に逼迫した生活も自ら望んで得たものではない。しかし、好むと好まざるとにかかわらず、人間がコントロールできることには限界があるということを悟ったのである。そしてその限界を理解する知恵こそが、ストア哲学の核となる洞察力に他ならないのである。

一般的に言って、われわれは幸せになるために、健康や財政や評判など個人的な事項だけでなく、政治や経済など社会的な状況をも何とか改善しようと努めるが、思いどおりに進まない。確かに、物事が順調に進んで幸せな気分になることもある。たとえば、会社で昇進したり、心の許せる親友ができたり、成果を認められて褒賞されたりしたときである。反対に、自分の意思に反して仕事を失ったり、計画が失敗に終わったり、誰かが死んだ時などは、つくづく自分の無力感を味わうのである。そんなとき、周囲のものを無理やりコントロールしようとしても、せいぜいできることは全損や全滅を被らないように祈るか、あるいはすっかり忘れて何か他のことに気を紛らわすことくらいである。

ところが、ストア哲学者はどんな環境にあっても平静心を失わない。自分の力の限界を悟っているから、静かに現実と向き合うことができるのである。セネカは次のように書いている。「幸運など、どんなに優しい顔をしていても、私は信用したことがない。金銭やオフィスや威光などをふんだんにもたらしてくれたが、それらはそっくりそのまま倉庫にしまってある。いつ取り戻されてもいいように」。これら金銭やオフィスや威光といったものに代表される幸運などは、個人の力でコントロールできるものではないと言っているのだ。もし、それらに人生の幸福を託しているような人がいれば、将来予期せずに受ける荒っぽいショックを覚悟してのことでなければならない。

ただし、一つだけ、われわれが自力でコントロールできるものがある。それは周囲の物事をどのように感受しどのように考えるか、つまり物事に対する判断と信念である。このことは、決して悪いことではない。なぜなら、既に述べたように、ストア哲学の見解では、人間の苦悩は周囲の物事によって直接生じるのではなく、その判断や信念によって生じるからである。われわれは自分の判断や信念をコントロールすることによって、さまざまな苦悩を取り除いたり、軽減したりすることができるのである。話題がこのことになると、博士は肘掛椅子から身を乗り出し、熱意をこめて語り始めた。「ちなみに、誰かがあなたを侮辱したとしましょう。本気で口汚く罵ったとしましょう。でも、あなたが優れたストア主義者なら、それだけで腹を立てたり、興奮したり、落ちつきを失ったりしないでしょう。なぜなら、実際には何も悪いことなど起こっていないことを知っているからです。もしあなたが憤りを感じるとすれば、それは実際に何らかの危害を加えられたとあなた自身が判断したときでしょう」

博士は話を続けた。「今述べたことはどちらかと言えば些細なことです。口頭での侮辱など、いくら激しくても個人的に実害がないからです。ところが、たとえばあなたの友人が死んだ場合はどうですか？　あなた個人に実害がなければいいとして、平然としておれますか？　同様に考えることなどできませんよね。なぜでしょう？　それは、ストア哲学における『偉大な計画』という重要な概念にかかわってくるからです。死は『偉大な計画』の一部と考えられています。そう考えることが、穏やかな気持ちで死を感じ取る唯一の方便なのです。『死を侮ってはいけません、死を甘んじて受け入れなさい、なぜなら死もまた神（宇宙）の意思の一つであるから』とマルクス・アウレリウスは言っています。ですが、このハードルは高すぎますね。ただ、ストア哲学が提案できるのは、神や宇宙や『偉大な計画』などを信じない無神論者に対しても、『あなたたちは自分自身の判断や信念をコントロールできますよ』というアドバイスです」

日常のさらに些細な悩みごとに対しても、ストア哲学の提唱する方便は有効に利用できる。以下に挙げる例は、キース・セダン博士がストア哲学の初級通信受講生に教えたことである。たとえば、スーパーマーケットへ買い物に出かけたとする。欲しい物が品切れかもしれない、長い行列で待たされるかもしれない、といった不安を覚えるときがあるだろう。でも、そんなことで悩む必要はない。もしそうなったら、他の店へ行けばいいのだから。仮にあなたがイライラして動揺しているなら、それは、ストア哲学風に言えば、あなたの間違った判断によるものである。そもそもあなたは客観的情勢を変えることなどできない。コントロールできない現実に憤慨することは理に合わないことなのである。さらに言えば、あなたが実際どのような不便を被ろうと、あなたの感じるイライラが大げさすぎることはほぼ間違いない。「そんなにムキになることはないだろうに！」と言いたい。ここで「悪事の熟考」を思い起こしてほしい。「最悪の場合、どうなるのだろうか？」と考えてみる。すると、おそらく大抵の場合、あなたの判断がオーバーであったことに気づくだろう。そこで、現実に即して調整しなおせば、苦悩は消え平静心を取り戻すだろう。

　大切なのは、「受け入れること」と「断念すること」の違いをはっきりさせることである。理性の力で現状に翻弄されないように努めることは、現状を変えてはならないという意味ではない。分かりやすい一例を挙げると、耐えられないほどの虐待を受けている女性にとっては、その場を脱出するのが最善の方法だが、ストア哲学が彼女にかなえてやれる方便はただ一つ、まず、あるがままの現実を直視させ、次いで彼女の能力で可能な範囲の行動を起こさせることである。恨みがましく周辺事情を非難させることではない。「そのキュウリは苦い味がする？　ならば、食べずに置いておけばいい」と、マルクス・アウレリウスは言う。「行く先にイバラの木が生えている？　ならば、片側に寄ればいい。それだけで十分だ。『どうして、こんなところにこんなものがあるのか？』などと余計なことを詮索する必要はない」

　博士は別の例を挙げて説明してくれた。間違って有罪判決を受け刑務所に入れられた男の話である。「その男はストア哲学を信奉しているので、次のように言うでしょう――不当に投獄された事実は、ある意味で、現実的に重要な問題ではありません。重要なのは、現状にどのように対処すべきか、という点です。今現在、私はここにいます。だが、何をすればいいのでしょう？上訴し、自由の身になるために戦う？　そのためには、法律の勉強をしなければならないでしょうね——この男がしようとしていることは、『断念すること』では決してありません。しかし、現実を理性的に『受け入れよう』としています。ですから、判決が不当になされたことについて悩む必要などないのです」

このことはまさに、博士とジョスリンの身近に起こったことでもある。博士は自らとジョスリンを指さしながら静かに語った。「ストア哲学がなければ、私たちが今までこの苦難を切り抜けることができたかどうか、分かりません」

博士とジョスリンに別れを告げ、夕暮れのウォトフォードへ向かう道すがら、私はしみじみとした感慨にふけった。博士の精力的な説得力のある「平静心」ということばが私の心の中に深く浸透していたのである。

ロンドンに帰った私は、同宿の仲間たちの夕食のために食料を買いにスーパーへ行った。そして、そこの長い列の後方に並ぶはめになった。スタッフが過労状態であったのと、一連の自動販売機が故障していたのが原因らしい。私は一瞬いら立ちを覚えたが、すぐにストア哲学のことを考えることにした。現状は変わらなかった。その気になればいつでもその場を離れることはできたが、そうはしなかった。最悪のシナリオを考えたが、私と同宿の友人たちの食事が数分遅れる程度で、笑って済ませることだった。それにしても、問題はスーパーの行列ではなく、私の不合理な判断にあった。このことに気づいた私は、柄にもなく嬉しくなった。ストア哲学の長い歴史の中で、正しく、それはほんのささやかな成功例だった。たとえば、セネカのように自死を強いられながらも平静でい続けられるのとは比べようもないものだが、それでも私は自分に対してストア哲学風に言い聞かせるのだった。どこからであれ、とにかく始めねばならないのだ、と。

「非常に悪い」と「完全に悪い」の違い

そこで、ストア哲学者に言わせれば、われわれがコントロールできるのは世界をどう理解するか、という判断で、それがすべてである。しかし同時に言えることは、その理解や判断は、われわれが幸福になるためにコントロールしなければならない対象でもある。**平静心は、われわれの不合理な判断を合理的な判断に置き換えることによって生じる。**最悪のシナリオをあれこれ描いてみること、つまり「悪事の熟考」はこの目標を達成するためにも最上の方法であることが多い。しかも、セネカが提案したように、自主的に「悪事」を体験するところまでいくと、当初恐れていたほど悪い事態にはならないことが理解できるのである。

この「悪事の体験」という技法は、その後何世紀も経った今日、アルバート・エリスという一匹オオカミの心理療法士の関心を掻き立てることとなった。エリスは、ストア哲学を現代心理学の最先端まで復興させるのに、誰よりも多く貢献した人物だと言える。二〇〇六年、エリスの生涯の最後となった何カ月間に、私はアップタウン・マンハッタンにあるアパートを訪ねた。九三歳でインタビューでもベッドを離れることができなかった彼は、耳が極端に遠いので、分厚いヘッドフォンを付けていた。私はマイクを使って話をするよう言われた。

取材が始まってすぐ、エリスは私を鋭く指さしながら言った。「二五〇〇年前にブッダが言ったように、『われわれ』はみんなとんでもない気狂いなのだ！　まあ、誰だってそうなのだが」。会話が始まって早々にこんなセリフが彼の口から飛び出したのは、何も驚くことではない。正直言って、このセリフが聞けなかったら、何か誤魔化されたのではないか、と私は思っただろう。このように意表をつく悪態をつくことで、エリスは知られていたからだ。

一九五〇年代になって、エリスはストア哲学風の心理学的見解を広めようとした。だが、それは深刻な議論を呼ぶことになった。ひとつには、当時、自己啓発の注目の的となっていたポジティブ思考と相容れなかったことであり、もうひとつには、元来専門家の間で圧倒的地位を占めてきたフロイト主義とも対立することになったからだ。エリスは、心理学会の会議の席で何度もやじられ、嘲られた。しかし、今となっては、すでに五〇冊以上の著作を世に出し、中でも、『どんなことがあっても自分をみじめにしないためには』（川島書店）はベストセラーとなった。こうして、エリスは徐々に知的勝利をものにしていった。

数日前のことだった。エリスの主催する有名な「金曜の夜の研修会」を見学することができた。ステージの上にボランティアの参加者を立たせ、他の研修生や一般の観客の前でエリスが激しく叱りつけるのである。もちろん、エリスはそのボランティアのためを思って叱るのであるが、私が最初に見た参加者は、毎日不安に苛まれているという。今の仕事を辞めてボーイフレンドと一緒に全国各地を移動しようか？　彼とは結婚したいし、今の仕事もそれほど好きじゃない。でも、もし彼が一生の伴侶として相応しくないことが判ったらどうしよう？　離婚することになるかも？――そこで、エリスは大声で叫んだ。おそらく彼の耳が遠かったせいだろうが、勘ぐれば、大声で叱るのを楽しんでいるようにも思えた。「まったくもって、そんな考えには賛成できないね！　離婚したっていいじゃないか。確かに悲しいだろうが、耐えられないほどじゃないだろう！　完全に悪くなろうはずがない」

完全に悪くなるということと、悪いだけで終わるのとは、単に言い回しの違いで実質的な違いはないように聞こえるかもしれない。だが、そうではない。両者の歴然とした違いを理解することは、ネガティブ思考についてのエリスの見解の核心に迫ることになる。そのためには、二〇世紀の初めの数十年間、ピッツバーグで過ごしたエリスの青少年時代にまで遡らねばならない。

エリスの記憶によれば、母親は自己陶酔型で、メロドラマ的な性格だったそうだ。それに対し父親は旅回りのセールスマンで、近くにいることはほとんどなかった。五歳の時、エリスは重い腎臓病を患い、子ども時代の大半を病院で過ごさねばならなかった。その間、両親が訪ねてくることはほとんどなかった。独りぼっちのエリス少年はいろいろ思考をめぐらし、哲学的な思索にふけり、生存することの意義について考え、やがてセネカの『Letters from a Stoic（ストア哲学者からの手紙）』を読むに至ったのである。周囲の状況をどう理解するか、その「判断」の重要性に焦点をあてたストア哲学はエリス少年の心の琴線にふれたのである。彼の不幸な人生も、ストア哲学の知恵を育む上で驚くほど有用な坩堝《るつぼ》ではないか、と考えるようになったのである。

一九三二年には、彼はのっぽの一八歳の青年になっていたが、女性に話しかけるのが大の苦手だった。この弱点を克服するには、ストア哲学流に実地訓練するしか方法がないことは、よく分かっていた。あの女性飛行士アメリア・エアハートが大西洋を横断飛行し、ウォルト・ディズニーが初めてのテクニカラーのアニメ映画を上映した年の夏の日、エリスはニューヨーク市の自宅近くのブロンクス植物園へやってきて、訓練計画を実行に移したのだ。

決して破ることのできない規則を作り、一カ月間、毎日、それを忠実に実行しようと決心したエリスは、まず公園のベンチに腰をかける。近くに女性が座ると、あたりさわりのない会話をもちかける。ただ、それだけのことである。結局のところ、同じベンチに座らないかと誘ってみた女性は一三〇人だった。そのうち三〇人は立ちあがって去っていったが、残りの一〇〇人は私の目的をかなえてくれた、とエリスは何年か経って回想しながら話してくれた。「一〇〇人もの女性と話をしたんだ。これは私にとって初めての経験だった。そして、ただ一度だけだったが、会話がとんとんとはずんで、もう一度会う計画まで立てたことがあった。でも、結局、彼女は現れなかったがね」。よく事情を知らない人には、エリスの計画は完全に失敗したと見えるかもしれない。しかし、エリス本人にとっては、この上ない成功物語だった。

エリスは、女性たちと会話するときにはひそかにある信念を持っていた。それは『本来ならこうあるべきだ』という考えだった。羞恥心なしに女性と話ができるかどうかといったレベルの問題ではなく、きわめて自己中心的で絶対主義的な信念だったといえる。ちなみに、この種の信念はその後のエリスのあらゆる不安や心配事にもつきまとうことになるのだが、いずれにせよ、エリスはこういった心理状態を指して「マスターベーション（musturbation）」と名付けた。義務を指す「must」と自慰行為を意味する「masturbation」の合成語である。できればそうあってほしいと願っているものについて、自分が持っていて当然であり、また自分の思う通りに他人も協力すべきだという信念を持ってしまうのである。しかし、このように将来あるべき姿を確信してしまうと、もしそれらが実現しなかったときに大惨事になるのは避けられない。だから、われわれが将来に対し大きな不安や心配をかかえても、驚くに値しないのである。もし、ゴールに到達できなかったら、結果は単に悪いだけでは済まされず、完全に悪い状態、つまり、取り返しのつかないほど恐ろしい結果となるように、自らを決めつけているのだ。

しかし、エリスのブロンクス植物園での女性たちとの出会いで分かったことは、たとえば会話を拒否されるなど、最悪の成り行きになっても、当初恐れていたような絶体絶命の災難にはならなかった、ということだ。「小型ナイフを取り出して私の睾丸を切り取った人はもちろんいなかったし、吐き気をもよおして逃げ去った人も、警官を呼んだ人もいなかった」。ストア哲学流に言うと、エリスと女性のデートが胸のドキドキするような結果で終わらなかったのは結構なことだ。もしデートが華々しく終わっていたら、将来同じ結果にならないことを恐れる不合理な信念を微妙に強めたことだろう。

この種の行為をエリスは後日「恥かき訓練」と呼んだ。それは、「悪事の熟考」を即実行に移すことである。どんな事件であれ、最悪の事態というのは、通常、誇張された恐怖心が生み出す信念なのである、とエリスは好んで言う。その信念を弱めるには現実に直面すればいい――現実に女性に対話を拒絶されても、それはただ望ましくないだけであって、恐ろしくも不快でもない。後日、エリスは現役の心理療法士として他に「恥かき訓練」をいくつか考案した。その一つで、患者たちをマンハッタンの街路へ送り出し、路上で見知らぬ人に近づいていって、次のように言いなさいと指示した。「すみません。私、今、精神病院から出てきたばかりですが、今年は西暦何年ですか？」。その結果患者たちが悟ったことは、他人に精神疾患と思われても、殺されることはない、ということだった。別の「恥かき訓練」は、ニューヨーク市の地下鉄に乗って、大声で駅の名前を叫ばせるものだった。この話を聞いた私は、その訓練は気恥ずかしくなる気持ちを麻痺させるものではないか、と言うと、エリスは「そう、それこそあなたがやってみるべき訓練だ」と答えたのである。

極端に不快な結果と、単に好ましくない結果とは明らかに違う。 この違いを説明することは、エリスの経歴の中で重要な役割を担っている。彼は、世の中には「絶対的に極端な不快事」など存在しないとさえ言っている。「もしあなたが自分自身に正直で、自分にとって望ましくないことのすべてがものすごく恐ろしく極端に不快なものであると言い張るなら、それらが世の中で最悪のものであり、それ以上に悪いものは存在しないということになる」と書いている。「しかし、一〇〇パーセント悪いものなど存在しない。なぜなら、何であれ、それ以上に悪いものが考えられるからだ。たとえば、誰かが殺されたとする。それは非常に悪いことに違いない。だが、一〇〇パーセント悪いわけではない。なぜなら、あなたの愛する人の何人かも同じ運命になっていたかもしれないし、そうした場合の方がもっと悪いからだ。もし、あなたが時間をかけて死の拷問を受けたとする。さらにゆっくりと時間をかけて拷問されるかもしれないじゃないか」。ただ、この世に一つだけ、一〇〇パーセント悪い事態が起こり得ると、エリスもしぶしぶ認めている。それは、宇宙のすべてが破壊されることである。「だが、そんなことは近い将来起こりっこないでしょう」とも言った。

拷問や殺人などに目を向けるのは、異様に冷酷に見えるかもしれない。そして、それら以上に何か悪いものを見つけようと、精巧な仮説に基づいたシナリオを構築するなどというのは悪趣味に思える。しかし、最悪のシナリオに焦点をあてること——そして、非常に悪い場合と完全に悪い場合の区別をつけること——の双方からなる戦略が真価を発揮するのは、正確に言うと、極端に好ましくない背景事情の中なのである、とエリスは言う。無限の恐怖が有限の恐怖に変身するのである。

エリスは一人の女性患者を思い起こした。彼女は、キスをしたり握手をするだけでエイズに感染するかもしれないという極端な恐怖心を持っており、そのためロマンチックな人生が送れないと悩んでいた。もし、あなたの友だちにそのような人がいたら、あなたが最初にとる反応は、そのようなシナリオがほとんど起こり得ないことを指摘して安心させることだろう。エリスも、最初は同じことをした。しかし、すでに述べたように、相手を安心させることは逆効果を伴う。つまり、その女性に対して彼女の恐れていることは起こりそうもないと言って安心させても、もしも起こったら想像を絶するほど悪い結果をもたらすだろうという恐怖を取り除くことはできず、逆に強める結果となるのである。

そこで、エリスは、代わりにネガティブ・ビジュアリゼーションの手法を使うことにした。彼は言った。「仮にあなたがエイズにかかったとしましょう。ずいぶんと困るでしょうね。だが、どうしようもないほど恐ろしいことでしょうか？　あるいは、たまらなく不快なことでしょうか？　もちろん、そんなことはありませんよ。もっと悪いシナリオだってイメージすることができます。そう、いつでも。しかも、たとえエイズを患ったとしても、人生の幸福の源を発見するイメージを描くこともできるのです」

何かを「非常に悪い」と判断することと、「どうしようもなく恐ろしい」と判断することとは大違いである。得体のしれない恐怖を覚えるのは「どうしようもなく恐ろしい」場合である。その他の恐怖には限界があるので、それぞれに対処する余地がある。遂にこのことを理解した女性患者は、今まで恐れていた想像を絶するような恐怖の苦しみから解放され、代わりに、あまり望ましくないが、同時にあまり起こりそうもない悪いシナリオを想定して、通常の予防策をとり始めたのである。彼女は恐れている運命の可能性から逃れることなど、自分の力ではコントロールできないというストア哲学の考え方をも習得したのである。エリスは私に言った。「宇宙をコントロールできないことを認めれば、心配ごとも少なくて済みます」

「チャンスリー・レーン」

私は大声で言葉を発した。しかし、車内はあまりにもガヤガヤと騒がしかったので、私の声が誰かの耳に届いたものかどうかも定かではなかった。視線を上下させてチェックしたが、誰かが私の声を聴いた証拠はどこにもなかった。すると、向かい側に座っている中年の男性が新聞から目を上げたが、その表情は軽い興味以外の何ものでもなかった。私はちょっとの間目を合わせてから、横を向いた。他には何も起こらなかった。電車は停まり、何人かの人が降りていった。そのとき、私はハッと思った。何かわずらわしいことが起こるのではないかと内心期待していたのだった――少なくとも、冷笑が湧き起こるとか――ところが、何も起こらなかったので、頭が混乱してきた。

ホルボーン駅に近づいてきたので、私は叫んだ。「ホルボーン」――今回は、少し声を大きくしたが、前回ほど震えなかった。正面の男がまた目を上げた。二つ向こうの席の赤ん坊が口をポカンと開けて、私を見ていた――が、どっちみち、同じようにしていたろう。

トッテナム・コート・ロード駅で、私はある種の精神的境界線を越えたような気がした。アドレナリンの発生は弱まり、パニックは消えた。そこで私は、アルバート・エリスの考案したストア哲学流「恥かき訓練」が私の頭にぶち込もうとしている真実と向き合っている自分を発見したのである。すなわち、その真実とは、私が予測したように悪いものはこのあたりに見あたらないということである。今、私の裁量で考えられることは、当初恐れていたきまり悪さがいかに不合理な考えに基づくものであったかということだ。その不合理な考えとは、もし私が人々に悪く見られると、それは耐えがたい不快なものになるだろうと予測したことである。ところが真実は、人々が外見上まったく軽蔑的でも敵対的でもないということだ。主な理由は、疑う余地もないが、彼らが自分たち自身のことを考えるのに忙しすぎるからだ。トッテナム・コート・ロード駅で駅名を叫んだときは、もう少し多くの人が私の方を見たが、もはや気にならなかった。揺るぎない気持ちになっていたのである。

さらに三つの駅を進んで、マーブル・アーチ駅で下車するために立ちあがった。自分自身にニコニコと笑いかけながら、心はストア哲学の平静心に満ち足りていた。そんな私に、車中の誰も興味を持っているようには見えなかった。

第 3 章

静けさの前の嵐

――ブッダは「ポジティブ」に執着しない

てめえが正しいと信じてやったことが、
てめえの首を絞めることになるんだぜ。

――米テレビドラマ『ザ・ワイヤー』より

一九六〇年代初め、ハワイに住むアメリカ人の禅僧ロバート・エイトケンは、説明のしようのない、それでいて憂慮すべき事態が自分の周囲で進んでいることにうすうす気づいていた。当時の西洋の人たちは精神的に飢えていた。エイトケンは、そんな西洋社会に仏教を紹介した先駆者の一人である。

そのころのハワイではヒッピー族が増える一方だった。エイトケンと妻のアンはホノルルの自宅に禅堂、つまり瞑想センターを設営して、彼らに禅仏教を教えていた。ところが、新たに瞑想に参加してくる禅徒たちの様子がどうも普通じゃないのである。彼らは禅堂にやってきて、決められた時間になると座布団に座って石のようにじっとしている。明らかに瞑想している。ところが、瞑想時間の終了を知らせるベルが鳴ると、一斉に両足で立ちあがり、すぐに地面に崩れるように倒れ込むのだ。いったい何が起こっているのか。不思議に思ったエイトケンが数週間かけて調べてみると、ホノルルのヒッピーたちの間に、ある噂が広まっていることが分かった。それは、ＬＳＤを服用してから禅の瞑想をすると、いちばん手っ取り早く幻覚を伴うエクスタシーに達することができる、というものだった。

仏教の瞑想ブームがアメリカやヨーロッパに広まるにつれ、瞑想はエクスタシーへの近道だとして人気を博していった。一九五〇年代の作家ジャック・ケルアックの心をつかんだのもこの種の瞑想だった。彼はそれまでウィスキーやマジックマッシュルームに依存していたが、瞑想にも強い愛着を覚えるようになった。ただ、足を組んだまま数分間座っていると血のめぐりが悪くなり、激痛と戦わねばならなかった。それでも、何とかして新たな至福の世界に到達しようと決心し、実際、時々はうまくやってのけたのである。彼は当初の苦労について、友人のアレン・ギンズバーグに次のような手紙を書いている。「両手を固く握ったまま瞬間的にエクスタシーの状態になる。まるで、ヘロインかモルヒネの注射をしたようだ。脳内麻薬があふれ出して……あらゆる病気を治癒し……すべてを消し去るのだ」。しかしながらケルアックの伝記作家によると、彼は膝の痛さに耐えかねてよろよろと立ちあがり、血行を回復するため脚をこする動作を何度も繰り返していたという。

このように、一般の人々の間に普及していた瞑想は、一種のトランス状態に似た心の平穏を得ることだった。マインドフルネスといわれ、雑誌や新聞の特集記事をにぎわしていた。そこでもっとも多く使われた宣伝写真は、月並みだが、レオタード姿の女性が砂浜で脚をあぐらに組み、眼を閉じ、唇にかすかな笑みをうかべているものだった。また、「日常生活に瞑想を取り入れよう」といったキャッチ・フレーズも使われた。その場合は、普通のビジネススーツを着た男女が、やはりあぐらを組んで座り、同じような笑みをうかべている写真が使われた。このステレオタイプなイメージを広めたのは、「平穏の権威者」と自称するオーストラリア人の瞑想教師ポール・ウィルソンだった。彼の著書には次のように多くのベストセラー本がある。

『The Calm Technique』『Instant Calm』『The Little Book of Calm』『The Big Book of Calm』『Calm at Work』『Calm Mother, Calm Child』『The Complete Book of Calm』『Calm for Life』

このように、瞑想をすることによって到達する一時的なトランス状態ないし平穏な心境は、純粋なエクスタシーのように外部と完全に遮断された状態になるわけではないので、一般の人々にとっては極めて穏当で現実的な心理的効果だったといえる。しかしながら、エクスタシーにせよ、平穏にせよ、それが一時的な副次効果であることに変わりない。にもかかわらず、これらのイメージが瞑想そのものであるかのように理解される傾向があるのも否めない。しかも、瞑想することを高邁《こうまい》な「ポジティブ思考」の一形態と誤解する人もいるほどだ。しかし、**本当の瞑想の目的は、何らかの望ましい心理状態に達することではない**。たとえ結果的に、どれほど幸福で平穏な気持ちになれても、それは瞑想自体とは直接関係のないことなのである。

では、瞑想とは一体何なのか？　それを知るためには仏教の中心思想に迫る必要がある。

瞑想することの真の意味

仏教の実践的原理を示す教えに「四諦《したい》」というのがあり、四つの真理を示している。その二番目の「集諦《じったい》」では、「人間の苦の原因は世の無常と執着心にある」と教えている。われわれはあるものを望み、またあるものを嫌ったり憎んだりする。この好き嫌いが実際に行動を起こす動機になっている。そして、できるだけ楽しいことを楽しみ、苦しみからは逃れようとする。これが執着心だ。

執着心とは、万物は永続しないという真理（＝無常）に異を唱え、それを否定しようとする試みである。外部から与えられる喜びや苦痛は避けることができないが、それらをどのように受けとめるか（あるいは避けようとするか）が執着心の問題なのである。楽しみにこだわり過ぎると最後には苦しみを味わわねばならなくなる。楽しいことはそれを楽しむだけでいいのに、その楽しみがいつまでも続くように願うのが執着心であり、いずれ楽しさが薄れ消え去るとき、大きな苦しみを味わわねばならない。あるいは、現在のぜいたくな生活に執着する気持ちが強ければ強いほど、現状を維持するために不満と不安に満ちた人生を送らねばならない。また、生きることにこだわればこだわるほど、死ぬことの恐ろしさが増幅する（この考え方は、ストア哲学やアルバート・エリスの考えに類似しているが、決して偶然ではない。教訓というのは重複するのが常だ）。

では、執着心をなくすというのはどういうことを意味するのか？　それは世間から身を引くとか、自然な欲求や衝動を無理に抑えこむとか、ひたすら自制心を働かすなどといった意味ではない。いかなることにもこだわることなく、ただ自分自身の心の内外に目を配るだけでいいということである。そうすることで、心の中の欲求や衝動をありのままに感じとり、思考を自由に巡らせて、人生そのものをまるまる体験することができるのである。「ああでもない、こうでもない」とこだわって逡巡することのない人生を送ることである。完全に執着心を捨てた仏教徒は、ただ静かにそこにいるだけで、すべてを無条件に知覚しているのである。

しかしながら、正直言って、そのような生き方は、一般の人たちにとって、簡単に実行できるものではない。将来について何の願望もなしに生きるなど、普通ならとうてい理解できないことである。良い友だちを持ち、他人との付き合いを充足させ、物質的に恵まれた家庭生活を送ろうと願わない者がいるだろうか？　そのような執着心なくして、どうして幸せになれるというのか？　瞑想は、仏教の教えるとおり、執着心のない心境に達するための道なのだろうか？　普通に幸せを願う人たちにとって、なぜ執着心を捨てることを終局の目的にしなければならないのか、どうしても分からないのである。

このような常識的な疑問を私が最初に抱いたのは、別のアメリカ人の禅僧でベテランの精神科医が書いた薄っぺらな本を見つけたときだった。それは、『Ending the Pursuit of Happiness（幸福の追求を止めて）』というタイトルで、その著者であるバリー・マギッドは次のように主張している。「瞑想を利用して人生をより良く、より幸せにしようというのは、従来の常識からいって、考え違いである」と。しかし、マギッドの主旨は、瞑想の効果を否定することではなかった。瞑想することに意味があるとは考えていなかっただけである。もし瞑想することに何らかの意味があるなら、それ自体が幸福追求の手法とされてもいいのではないか、と思っていた。つまり、何らかの状態に執着し、他のことを排除するために瞑想を利用すればすむ話ではないか、と考えていたのだ。

彼が本当に言いたかったのは次の点にあった。人が深遠な心の平和を得るには、まず周囲の事象を改善しようと試みないこと、次に自らの社会的行動を恣意的にコントロールしようと思わないこと、三番目には今現在不愉快に感じている物事を愉快なものに置き換えようとしないこと、最後に「幸福の追求」をあきらめることだった。

バリー・マギッドは、マンハッタンのアパートの一階で精神医学の実践を行っていた。部屋はだだっ広く、家具は少ししか置かれていなかった。全体に薄暗く、照明は机の上の電気スタンドだけだった。革張りの椅子が二つ、たがいに遠く引き離され、それぞれ反対側の壁を背にして置いてあった。まるで、マギッドの頭が暗闇の中にぼんやりと浮かび上がって私を見ているように思えた。マギッドは背が高く、フクロウに似た容貌で、年齢は六〇代前半、細いメタルフレームの眼鏡をかけていた。私が仏教と執着心からの脱却についてとりとめのない質問をすると、彼は少しうれしそうに私を見つめて、まったく別の話を始めたのである。

彼がまず私に語ったのは、古代ギリシアの有名なオイディプス神話についてだった。自分の父親を殺して母親と結婚し、家族と故国に大惨事をもたらし、最後には自身の目玉をえぐったという有名な古代ギリシア王の話だが、マギッドの見解では、これは「幸福を追求することがなぜ良くないことなのか」を暗示する格好のたとえ話だという。ちなみに、この神話はフロイトのエディプス・コンプレックスを想起させるが、ここでマギッドが言わんとしている主旨とはほとんど関係ない。マギッドの説明によると、この神話が本当に伝えようとしているのは、人は自分の中に住む悪魔から逃れようともがけばもがくほど、悪魔たちを増長させる結果になるということだそうだ。「逆行の法則」の神話版とでもいえようか――幸福な生活にこだわり、不幸になる可能性を排除しようとすることは問題を起こす原因になっても、解決にはならない、という。

この神話のストーリーはよく知られている。テーベの王と女王を両親に持つオイディプスは、生まれたときに巫女から恐ろしいお告げを受けた。将来成人したら父親を殺し母親と結婚する運命にある、というものだった。それを聞いた両親は驚愕し、そのようなことが絶対に起こらないように祈って、生まれたての赤ん坊を地元の羊飼いにあずけ、どこか風雨にさらされる場所に捨ててくるよう言い渡した。だが、羊飼いは、オイディプスを死なせる気にはどうしてもなれなかった。その後、コリントの王と女王の養子として育てられたオイディプスは、ある日、自分が養子であることを知り両親に問いただすが、両親は否定するばかりだった。たまたま、生まれたときの巫女の恐ろしい預言について噂を耳にしたオイディプスは、てっきり今の両親が巫女の預言した両親であると思い込んでしまう。そこで、呪われた運命を避けるため、彼は両親からできるだけ遠くへ離れようと決心して旅に出たのである。ところが、たどりついた地は、不幸にも生誕地のテーベだった。こうして、運命は否応なしに彼を避けることのできない終焉へと導くのであった。

この神話からはっきり読み取れるのは、人間はどんなに頑張っても自分の運命から逃れることができない、ということである。しかし、マギッドの解釈は少し違う。「(この神話の)真髄は、もしあなたが何かから逃げ出そうとすると、それはあなたに取りついて嚙みつくだろう、ということ。つまり、対象が何であれ、逃げ出そうとすること自体が問題を引き起こす原因になる」と言う。「フロイトの言うとおり、われわれの心理はすべてこの回避することをめぐって働き、無意識という倉庫の中にはわれわれが回避しようとするあらゆるものが収納されている」とも言うのである。

これとはまったく対照的なイメージを持つのが、仏教の始まりを示す説話である。開祖ブッダが心理的に自由になれたのは——つまり、悟りを開いたのは——悲観や苦悩や無常から逃れようと必死にもがくのではなく、逆にそれらと直接向き合うようにしたからである。伝説によると、歴史上のブッダはヒマラヤの山麓の宮殿で王子として生まれ、ゴータマ・シッダールタと名付けられた。オイディプスと同様、シッダールタもまた生誕時に自らの運命についての預言を受けた。それによると、彼は将来、強力な国王か、あるいは偉大な聖人かのいずれかになる、というものだった。古今東西すべての親がそう願うように、シッダールタの両親も、息子が裕福で安心して暮らせる道を望んだ。そして将来、特権や栄誉に愛着を持つ人間に育てようと、ありとあらゆる方法を講じたのである。豪華な屋敷に閉じ込め、たくさんの召使いを使って美味な食事をとらせ、さらには結婚して子どもまでもうけさせるなど、贅沢三昧の生活をさせたのである。

シッダールタがようやく自分の屋敷の外に出ることができたのは、二九歳になってからだった。ところが、そこで目にしたのは、後に仏教伝説『四門出遊《しもんしゅつゆう》』にでてくる老人、病人、死者、それに修行僧の姿だった。前三者は、避けることのできない「無常」、つまり「老・病・死」を象徴していた。あまりにも大きいショックを受けたシッダールタは、それまでの快適な生活と家族を捨てて放浪の修行僧になったのである。それから数年後、インドの旅先の地で、ある菩提樹の下で瞑想をして一晩過ごしたときに悟りを開いたとされている。こうして、シッダールタは瞑想によってブッダ（悟りの境地を得た人）になったのである。彼が世の中の無常に初めて目覚めたのは、この四門出遊の四人の姿を見たときだったと、この説話は語っている。仏教が最終的に求める静穏への道はこのネガティブな無常の現実に直面することから始まっているのである。

バリー・マギッドの仏教的・フロイト的な考え方をすれば、自分では「幸福を求めているつもり」の人でもそのほとんどは、実際のところ、自分自身あまり気づいていない物事から無意識に逃げ出そうとしているのである。その逃げ出そうとする足を引き止めるのが瞑想である、とマギッドは書いている。瞑想というのは、じっと静かに座って、心の中に去来するさまざまな考えや感情や欲望を、さらにはむらむらと湧いてくる嫌悪感をすら、すべてを敏感に感じとり、それらから逃れようとしたり、それらを修正しようとしたり、それらに固執しようとする衝動に打ち勝つことである。言い換えると、心に去来するあらゆる物事への執着心から脱却する訓練をすることである。心に何が浮かぼうとも（ネガティブであれ、ポジティブであれ）、そこにじっと座ってそれらをありのままに観測し、受け入れることである。それは、一般に定着している瞑想のイメージではない。エクスタシーや「平穏」の状態になることではないし、ましてや、ポジティブ思考をとりこむことでないことは言うまでもない。逆に、それらのすべてを拒否する極めて大胆な試みなのである。

マギッドに会ってから間もなく、私は急に思い立って、ある瞑想の実践集会に参加することにした。最寄の町から何マイルも離れた森林の中で、真冬の完全な静寂に囲まれて、四〇人の見知らぬ人たちと一緒に、一日約九時間の瞑想をして一週間過ごすというものだ。

それは、興味深い体験だった。

瞑想センターでの体験

「瞑想の基本は、実に信じられないほど簡単です」と、ハワードは言った。彼は、「インサイト瞑想センター」で保養所の運営にあたっている二人の教師のうちの一人である。この保養所は、マサチューセッツ州の中央の人里離れた松林の中にある屋敷を世紀の替わり目（紀元二〇〇〇年）に建て替えたものだ。

その日の夕方、われわれ四〇人は質素な本堂の中で、ソバ殻を詰めた座布団に座って、男の話に耳を傾けていた。その声は、これから授業を行おうとしているとはとても思えないほど穏やかだった。

「楽な気持ちで座り、両目をそっと閉じ、呼吸に神経を集中しなさい。息を吸うたびに、そして吐くたびに、空気の流れを鼻孔と腹部で感じなさい。この感覚を何度も繰り返し感じ取りなさい」

神経質なクスクス笑いが起こった。確かに、それはそんなに簡単にできそうになかったし、退屈至極なものでもなかった。

「他にもすることがありますよ」と、ハワードは続けた。「肉体的な感覚、感情、思考によってわたしたちの注意は散漫になります。瞑想においては、そのような状態に陥ったと気づいたら、何も考えずに意識を呼吸に戻せばいいのです」

どうやら、実際のところ、簡単にできそうである。ただ、ハワードは言わなかったが、それが簡単には見えても、決して易しくはないということが間もなくわかった。

その日の午後早く、私はイスラエルの女学生と一台のタクシーに相乗りして、最寄の鉄道駅から約二五マイル離れたインサイト瞑想センターに着いた。彼女の名前をアディナと呼ぶことにする。途中のデコボコ道を上下に跳ねるように揺れながら走る車の中で、彼女は今回の瞑想集会に参加した動機を語ってくれた。

「喪失感が原因なの。どこへ行っても根なし草のような感じで――しがみつくものがないの。人生を支える骨組みを失ってしまったの」

彼女がそう言ったとき、私はその率直さに内心ドキッとしたのを覚えている。たった今出会ったばかりの私に、彼女は余りにも率直に個人的な事情を吐露しているように思えたからである。でも、彼女が続けて話した内容は、私にも十分に納得できることだった。彼女が瞑想に期待していたのは、現在の喪失感を終わらせることではなく、同じ喪失感を別の角度から見直すことであり、できれば喪失感をそのまま受け入れることをすら考えていたようだ。そのための方法としてこの瞑想の機会を利用しようとしていたのだろう。アメリカ人の尼僧ペマ・チュードゥンはこれを「不確実（不安定）な状況の中でリラックスすること」と呼ぶが、それは執着心から脱却することと同じ考え方である。「人はいつも、好むと好まざるとにかかわらず、実質（根拠）のない不確実（不安定）な状況に置かれている」とチュードゥンは言う。ただ、ほとんどの人は、彼女の言うような状況下ではくつろぐどころか、逆に必死になってその不確実性（不安定性）状況を打ち消そうとする。

タクシーの運転手は、文字どおり道を見失ってしまったようだ。森林の中のわだちの跡を急降下したかと思うと、また同じわだちを逆行して、さかんにカーナビの不備をののしりながら運転していた。当然だが、瞑想センターはなかなか見つからなかった。ようやくたどり着いて、案内された部屋は僧侶用の狭い小部屋で、窓から外を見ると何マイルも遮るもののない森が続いていた。シングルベッドが一つと、流し台、小さな衣装ダンス、書棚の他は、何も置いていなかった。私はスーツケースをベッドの下に押し込むと、本堂へ急いで行った。そこでは、瞑想センターの女性職員が一週間の基本ルールについて概略の説明をしていた。それによると、一日に一時間、われわれは建物の清掃や食事の準備、食器洗いを手伝うことになっていた。数分後には、建物の中央階段の上に取り付けられた小さな真鍮製のゴングが鳴らされ、瞑想の時間に入る。そして瞑想中は、緊急事態が起こらない限り、あるいは先生と質疑応答するとき以外は、ずっと沈黙を続けねばならない、とのことであった。

「ひとことも話せないので、その間、視線を落としたままでいるのが一番いい方法です」と、彼女は付けくわえた。「そうすれば、これからの一週間、他の人に対して笑顔をみせたり、しかめ面やウィンクをしたりして交流したくなる誘惑を避けることができるからです」

彼女は続けた。「ここでは、アルコールも、セックスも、電話やインターネットも、音楽を聴くことも、あるいは文章を読むことも書くこともできません。なぜなら、それらは、口頭での会話と同様に、まちがいなくあなたの心の静寂を壊すでしょうから」。掲示板に貼りだされた毎日のスケジュールを見れば分かるように、実際、これらの行為をする時間などまったくないのである。

午前　五時三〇分——起床ベル

六時〇〇分――座っての瞑想
六時三〇分――朝食
七時一五分――労働時間（台所の掃除、食事の準備、他）
八時一五分――座っての瞑想
九時一五分――歩きながらの瞑想
一〇時〇〇分――座っての瞑想
一〇時四五分――歩きながらの瞑想
一一時三〇分――座っての瞑想
正午一二時〇〇分――昼食、休憩
午後　一時四五分――歩きながらの瞑想
二時一五分――座っての瞑想
三時〇〇分――歩きながらの瞑想
三時四五分――座っての瞑想
四時三〇分――歩きながらの瞑想
五時〇〇分――軽食
六時一五分――座っての瞑想
七時〇〇分――歩きながらの瞑想
七時三〇分――法話

八時三〇分――歩きながらの瞑想
九時〇〇分――座っての瞑想
九時三〇分――就寝、またはさらなる瞑想

「さてと、あなたが探しているのはそういうことなんだ」

近くに立っていたアディナに私はそう語りかけたが、すぐに、何となく生意気で失礼な言い方をしたことに気づいた。しかし運の悪いことに、それが彼女へ話しかける最後の機会になってしまった。数秒後にゴングの太い音が響き、やがて沈黙のとばりが下りた。

座布団に座ってそんなに長い時間たっていないのに、私は自分の心が外部の静寂にまったく呼応していないことに気づいた。基本指導を受けてから最初の数時間、つまり初日の夕刻の残り時間と翌日の午前中のほとんどの時間、私の心はいくつかの歌のセリフでいっぱいになった。しかもあきれたことに、そのほとんどが私がいつも軽蔑していたあの『愛しのバービーガール』（デンマークのポップスグループ「アクア」のヒット曲）だった。そして、このような状態で一週間も瞑想を続けられるのだろうかと不安になったり、出発前にしなければならなかった雑用の数々が気になったりもした。

自分を弁護するわけではないが、一般的に言えば、この内心のおしゃべりは、初めて瞑想し、沈黙する際に誰もが経験することだそうだ。外部の騒音による注意散漫がなくなり、注意を内面に向ける段になると、最初に直面するのがこれである。心の中がにわかに騒々しくなり、その状態が絶え間なく続くが、それは瞑想が原因ではない。それまで、外部の騒音が内部の騒音をかき消していただけのことである。森の中、そして瞑想ホールの静寂の中では、突然のようにあらゆる内部の声が聞こえてくるのだ。スピリチュアルな教師ジッドゥ・クリシュナムルティが言ったように、「人は、自分たちの脳が絶え間なくおしゃべりをし、絶え間なく計画を立てたり設計したりしていることを知っている。これから何をしようか、今までに何をしてきたのか、と。そして、過去と現在のかかわりについて、いつまでもおしゃべりを続けているのである」。

これに対処する方法として考えられるのは、心の内部の騒音を静かにさせること、つまり、その勢いを削ぐか、あるいはいっそのこと思考そのものを停止させようと努めることである。しかし、インサイト瞑想センターで教えているヴィパッサナー瞑想法の中心原理は、これとは正反対なのである。仏教の教師であるスティーヴ・ハーゲンはその簡潔なガイドブック『Meditation Now or Never（瞑想——今がチャンス）』で次のように述べている。「心に浮かぶ感覚や思考や期待を無理やり切り離そうとしてはなりません。いかなることも、無理やり心に取り入れたり、心から取り除いたりしないよう心がけましょう。物事がどう変動しようとも、またどう去就しようとも、成るがままにし、ただあるがままにしておくことが大切なのです——当然、瞑想中に気分がリラックスする時もあれば、興奮する時もあるでしょう。しかし、意図してリラックス状態になろうとしたり、注意が散漫になることを避けようとしたりする努力をしないことです。そんな努力をすれば、ますます興奮するだけです」

これが、執着心から脱却するための第一歩なのである。つまり、心の中を通り過ぎる思考や感情を観客のような第三者の目で観察するコツを学びとり、まちがっても参加者としてそれらに関与しないことである。しかし、自らの思考過程を観察すること自体が思考そのものに他ならないのではないか？　そうであるとすれば、このような考え方を深く追求すると、頭がくらくらしてくる。思考が思考を呼び、まるで一種の無限ループの罠にはまるように感じるのである。しかし、幸運にも、瞑想を実践する上で、このような難題に苦しむ必要はない。なぜなら、ハワードが説明したように、何らかの成り行きや感情に心が奪われるような状態になれば、その都度、単純に呼吸の意識に戻ればいいのだから。

心は天候のようなもの

仏教は今日では一つの宗教になっているが、もともとは心理学の入門コース程度に考えられていた。そう考えると、話は分かり易い。当時の仏教徒が学んだテキストでもっとも重要だったのが『論蔵（アビダンマ）』といわれる難解な仏教用語を解説する一種の註釈書だったが、そこで示された教えの中でも単純明快な考え方の一つを挙げると次のようになる。人間の心というのは、視覚・聴覚・嗅覚・触角・味覚の五つの感覚と同等の機能を持つものといえる。鼻という「感覚の入口」を通して匂いを嗅ぐように、また舌という「感覚の入口」を通して食物などを味わうことができるように、心も一種の「感覚の入口」とみなすことができる。あるいは、映画をイメージすると、心は思考を映し出すスクリーンだとも考えることができるだろう。

これは、われわれが日ごろ考えている考え方ではない。音や匂いや味は、つまるところ音や匂いや味にすぎないが、思考は何かもっと重要なものに思えるのである。なぜなら、思考は自分の内部から湧出するもので、自分自身のもっとも深い部分を表現する本質的なものと考えているからだ。だが、本当にそういえるだろうか？　瞑想を始めるとすぐ分かることだが、まるで騒音が耳に聞こえるように、また匂いを鼻で嗅ぐように、あるいはその他五感が感じるように、思考や感情もまた自動的にこころに泡立ってくるのを抑えきれないのである。毎朝五時半に鳴る目覚ましの音に耳をふさぐことができないように、また、そのとき肌に感じる寒さから逃げられないように、心に浮かんでくる思考から逃れられないのである。このように、思考や感情を他の五感と同等とみなすことは、最終目標としての「脱執着」への近道である。

　現代の仏教では、通例、精神の動きを、雲や太陽、暴風雨や猛吹雪など、常に変化する天候に喩えることが多い。この喩えでいえば、「心」は空《そら》である。空は、どんな天候になろうともこだわらない。たとえ「悪」天候になっても、それをなんとか良くしようともしない。とにかく、空は空なのである。この意味では、仏教はストア派哲学の考えを上回っている。ストア派哲学は時としてある種の心理状態にこだわることがある。特に「平穏」状態に固執するようだ。完璧なストア派哲学者は、自分の思考が好ましくない環境に攪乱されないように努めるが、**完璧な仏教徒は、思考そのものを別の環境としてとらえ、何ら執着心なしに観察すべきものとしている。**

　過ぎ去っていく思考や感情への執着心から脱却すること自体容易ではない。しかし、それよりもさらに困難だがやりがいのあることがある。それは、肉体的な苦痛を感じながら同時に執着心を捨てることだ。これは、激しい苦痛を感じながらもそれに無関心であれと言うのと同じで、常識では考えられないことである。だが、これから説明するのは、数年かけて研究してきた結果である。

バリー・マギッドのような仏教徒たちは、瞑想のメリットを科学的に「証明」することに異議を唱えるだろうが、とにかく科学とは興味深いものである。特に二〇〇九年にノースカロライナ大学でフェイデル・ゼイダンという若い心理学者によって行われた一連の実験は面白い。

ゼイダンの目論見《もくろみ》を一言でいえば、人間には肉体的苦痛に耐える能力があるが、その能力は瞑想によってどのような影響を受けるかについてテストすることであった。彼が採用した方法は簡単で直接的だ。人体に害を与えない程度の弱い電気ショックで手足に痙攣を起こさせ、その痛さの程度を主観的にランク付けさせるというものだ。まず、被験者の何人かにこの電気ショックを受けさせた後、一日三回、二〇分程度のマインドフルネス瞑想のレッスンを受けさせる。数日後に再度電気ショック・テストを受けさせる。そうすると、瞑想で得るマインドフル効果で痛みが激減したと報告している。ゼイダンは別に類似の実験も行っている。それは、脳スキャンを使って、ホットプレートの熱に対する反応を測定したものだが、この実験でも被験者の感じる痛み（熱さ）は減少したという（もっとも、減少の程度は、一一から九三パーセントとさまざまであるが）。

これに対して異論を唱える人もいるだろう。つまり、瞑想とは単に注意をそらし、気持ちをまぎらす機会を与えるにすぎないのではないか、と。そこで、ゼイダンは別の被験者グループを使って、瞑想の代わりに数学の勉強をさせながら電気ショックを与えてみた。確かに、数学で頭を使うことによって痛さがまぎれる効果はいくらか認められた。しかし、瞑想の比ではなかった。さらには、一度でも瞑想のレッスンを事前に受けた人は、瞑想中はもちろん、瞑想していないときでも苦痛の軽減効果が認められたのである。

「それでも、わたしには何となく腑に落ちないところがあったのです」とゼイダンは言う。「電流を四〇〇から五〇〇ミリアンペアまで上げると、両腕がびくびく痙攣してきます。なぜなら、電流が運動神経を刺激するからです。しかし、それでも彼らの感じる痛さのレベルは低いままなのです。そこで、わたしが思ったのは、人がその時どきに感じる痛さ（感動や動揺など）はあくまでも瞬間的なもので、通常ならそれが何であるか考え判断する思考行程が続くのだが、それが瞑想によって忘れ去られるのではないか、ということです。瞑想は、その時どきの注意力を過去から現在に瞬時に引き戻す方法を教えてくれるからです」

仮に歯医者の椅子に座って、これから味わう苦痛を覚悟しているとき、治療がいつまで待ってもおこなわれないとすればどうだろう。そのとき一番悩ましいのは、やがて味わう痛さを思い、恐れ、何とか避けようともがく執着心であることに気づくであろう。

しかしながら、私の場合、インサイト瞑想センターでの時間が経つにつれて、執着心はますます頑固になるばかりだった。二日目になって、歌はあまり心に浮かばなくなったが、その代わりに襲ってきたのが、さらに性質の悪い焦燥感だった。徐々にではあるが、私の左後ろに座っている若者の存在が気になってきたのだ。最初に彼が瞑想室に入ってきたとき、私は一瞬ある種のいら立たしさを感じた。特に目についたのが、むさ苦しいあご鬚だ。今や、彼の息づかいまでが耳につき始めた。いかにもわざとらしく、不自然で、どことなく芝居がかっていた。私のいら立ちは、少しずつ膨らんでいったが、その時点ではまだごく当たり前の反応であった。ところが、いつの間にか彼の行為のすべてが私個人への攻撃のように思え始めた。いったいこの髭男は私をどこまで侮辱すれば気がすむのか？　そう考えると、腹の中が煮えくりかえるような気分になり、思いきり反抗的な態度をとって平静な瞑想の世界をぶち壊してやろうかと、頭の中でじっと考え続けた。

ところで、このような心理現象は、修行を積んだ瞑想家の間で「ヴィパッサナーの復讐」と呼ばれているそうだ。静寂の中にいると、小さな焦燥感がだんだん誇張されて本格的な嫌がらせになる、という。人の心は物事の筋書にあまりにも執着するので、その目的のためには可能なものは何にでも取りつこうとする。瞑想の実践に入ってからの私は、人生のあらゆる苦悩の原因から一時的に切り離されていたためか、どうやら別の新しい苦悩の原因を見出していたようだ。その夜、足を引きずって狭いベッドに転がり込んだものの、あの鼻息の荒い男の影におびえて心がズキズキ痛んだ。最終的にこの「復讐」を追い払うことができたが、それは私が疲れきって夢を見ない眠りに落ちたからだった。

執着心を捨てたら何も成就させられない？

執着心を捨てる上でいちばんの障害となるのは何か？　それは、執着心を捨てることがあまりにも消極的な生き方に思えることである。確かに、執着心を捨てれば今までになく落ち着いた気分になれるだろう。だが、それは言い換えると、何ごとも成就しようとしないことを意味するのではないか？　何十年も山中で瞑想している仏教僧は宇宙と一体になっているようだが、その真似をするのが良い生き方なのだろうか？　このような議論を押し進めていくと、われわれが何か価値あることを成就するためにはそれなりのモチベーション（やる気）が必要であり、そのために不可欠なのが執着心に他ならないのではないか、ということになる。仮にあなたが特定のものに対して「かくあるべし」といった執着心など持ち合わせていないなら――そして、特定のいかなるものにも情熱を燃やすことがなければ――、周囲の物的環境を改善したり、子どもの教育に励んだり、社会を変えたりすることに、なぜプロ意識を持って邁進しようとするのか、説明がつかないではないか。

しかしながら、この点については次のように反論することができる。ストア哲学で物事を受け入れることは必ずしもそのことから辞退することにならないのと同様、仏教でも執着心を捨てることは、価値ある活動を成就することをあきらめるのではなく、逆に成就するための現実的な手段になり得るのである。どうしてか？　これを理解するには、世界中いたるところに見られ、いつもわれわれにもどかしい思いをさせる、あの呪うべき「優柔不断」のことを考えればいい。

世の中にはさまざまな「優柔不断対策」が唱えられている。だが、そのほとんどがまったく機能しないか、あるいは機能しても長続きしないことは、誰もがよく知っていることだ。やる気を起こすための本や、テープや、セミナーは人々を短時間その気にさせて興奮させるが、その興奮もすぐに冷めてしまう。野心的な目標や報酬制度を並べたリストを作ったときはとてもすばらしい考えだと思うが、翌朝にはすべてが陳腐なものに思えてくる。ポスターやコーヒーマグに書かれた気持ちをわくわくさせる標語は、あっという間にその魅力を失ってしまう。そこで再び、優柔不断症候群がやってきて、時には、以前よりもさらに深く入り込み、定着しようとする。皮肉な見方をすれば、「優柔不断対策」を唱え、やる気を起こさせる講演をしたり、自己啓発本を著わしている人たちは、このような繰り返しの中で十分な報酬が保証されているといえる。

これら優柔不断対策の欠点は、物事を成就するための本質を追求していないことにある。「どうすれば物事を成就できるか」ではなく、「どうすれば物事を成就した気分に、な、れ、る、か」を説いているだけなのである。たとえば、「適切な情熱さえあれば、自分で成就できないものはない」と、トニー・ロビンズはその著書『一瞬で「自分の夢」を実現する法』（三笠書房）や講演で力説している。ちなみに、彼はモチベーション（やる気を起こす）セミナーで熱狂した参加者に熱したコークスの上を裸足で歩かせたそうである。ロビンズほど極端でなくても、自己啓発の大御所たちが大げさに説いているのは、われわれが普通に考えていることを極端に言い換えただけのことである。

実際に行動することと、その気になることとは、まったく別ものと考えねばならない。優柔不断症の重症患者が「仕事ができない」と言うとき、彼が本当に言いたいのは「仕事をする気になれない」ということなのだ。うつ病の心理学についてさまざまな本を著わしているジュリー・ファストは、自分自身の経験に基づいて、次のように述べている。「朝、気分が優れないためどうしてもベッドから起き上がれない状態にあっても、『ベッドから出たい気分にならない』と言う方が適切なのです」。だからといって、あれこれ考えずにただ単純にベッドから起きてソックスを履いてみれば、優柔不断症であれ、うつ病であれ、簡単に克服できるかというと、そうはいかない。われわれはいつも、実際に行動することと行動したいと感じることとを混同して考えがちである。モチベーション、つまり人々にやる気を起こさせるテクニックとは、まさにこの「行動したいと感じる」気持ちを生じさせるように設計された技術なのである。言い換えると、ある特定の情熱をかきたてて生じる執着心という形をとっているのである。

このようなテクニックがうまく機能することも、たまにはあるだろう。だが、どうしてもその気にならないことも、時にはある。そのような場合、やる気を起こすことばは、かえって事態を悪化させかねない。というのは、「やる気を起こさなければどんな行動も起こせない」などという誤った信念が内々に植えつけられ、強められるからである。こうして特定の感情への執着が強まると、ゴールまでに新たなハードルが挿入されたことになる。裏返して言えば、どんな仕事であれ、それを始めることに興奮し喜びを感じない限り、永久に取り組むことができないということになるのである。

これとは反対に、執着心を捨てて優柔不断に向き合う場合はどうだろう？　何かを始めるとき、そうする気分が湧くまで待っていなさい、などと言う人はいないだろう。そういう意味では、やる気を起こさないのが問題ではなく、「やる気を起こさねばならない」と考えることに問題があることになる。言い換えると、**優柔不断のためにいろいろと逡巡することがあっても、それらを何とかしようと考えずに、あたかも通り過ぎる天気のように見守ればいい**。そうすれば、たとえ仕事をしたくなくなったとしても、自分の無気力を責めたり、気晴らしを求めたりする必要がなくなる。さまざまな考えや感情を共存させ、自分自身は優柔不断であることを十分に認識しつつも、とにかく行動を起こすことができるのである。

ここで、多作の作家や芸術家が日ごろ定期的に繰り返している生活パターンを見てみるのも、参考になるだろう。彼らは実にたくさんの仕事をこなしているが、やる気を起こしたり、刺激されたりするためのテクニックを使うことはめったにない。反対に、作業工程のメカニズムを強調し、ムードに左右されることなく一つひとつの具体的な作業を完成させることに重点をおいている。アンソニー・トロロープがそうである。彼は郵便局の幹部職員だったが、毎朝仕事に出かける前の三時間を著作に充てていた。もし、三時間の途中で一つの小説を書き終えるようなことがあれば、休むことなく次の小説にとりかかるのであった。ちなみに、彼は生涯に四七編の小説を書いている。チャールズ・ダーウィンからジョン・グリシャムにいたるまで、ほとんどすべての有名な小説家たちの日常生活もまた、何を何時に始めたか、何時間やったか、何字書いたか、といった具体的な点に重点が置かれていたのである。そのような日常の決まった作業は、モチベーション（やる気）やインスピレーション（刺激）がなくてもできることである。感情がネガティブなときも、ポジティブなときも、淡々として仕事を続けられるのである（あえてポジティブな気分になろうと、努力する必要などないのである）。「インスピレーションはアマチュアのためのものだ。われわれプロは、ただそこに姿を見せて仕事をするだけだ」と、美術家のチャック・クローズは言っている。

執着心から脱却することのメリットについて心理学的に研究するなら、何といっても、日本の心理学者、森田正馬《まさたけ》が二〇世紀初めに確立した「森田療法」を学ぶことだ。慈恵医科大学の精神科の責任者だった森田は、仏教の影響を色濃く受けていたが、わけても人間の心に随時浮かぶ思考や感情を精神的な天候とみなし、いつでも平穏に共存できるものとする考え方に大いに共鳴していた。「自分の行うことを何でも好きになれる人は、心配のない人生を送ることができる。ところが、**不愉快なことや退屈なことを避けようとする人は、そもそも不可能な試みに精神的エネルギーを費やす結果となる**」と書いている。

ジェイムズ・ヒルは現在、森田療法を実際に行っている療法士の一人である。彼は次のように言う。「西洋式心理療法の多くは、人の心理状況を上手にコントロールし修正する方法に焦点をあてています。その根底にある考えは、人が自分の感情を自由に修正変更できれば人生はより有意義で効果的なものになる、というものです。なぜなら、われわれを現状のままに押しとどめているのは、われわれ自身の感情に他ならないからだ、ともいいます……しかし、本当にそうでしょうか？　たとえばプールで高いジャンプ台から跳び込むには、恐怖心を克服しなければならないのでしょうか？　また、誰かをデートに誘うとき、成功する自信を十分に高揚させてからでないとだめなのでしょうか？　こういった前提を設けることは果たして正しいのでしょうか？　もしそうだとすれば、いつまで経ってもそれらは実現しないでしょう。しかしながら、われわれの人生経験から言えば、何か行動を起こすためには、必ずしも心の状態まで変える必要はないはずです……どんな感情であってもそれを受け入れる方法を知っていれば、そのときの心理状態を変えることなく行動を起こすことができるはずです」。つまり、たとえ恐怖や不安を覚えても、思い切って行動することができる、ということなのだ。

インサイト瞑想センターでの四日目も終わろうとしていた。私と周囲の状況にはかなりの改善がみられた。私はもはや、髭男の息遣いには悩まされなくなった。寝起きや瞑想や食事の時間を定めたスケジュール表には、誰もが慣れ親しんできた。初めのうちは厳格で軍隊調に思えたスケジュール表だが、今や参加者たちを一日中優しくあやしてくれるゆりかごのように見えた。実際のところ、私自身、瞑想することが楽しくなり始めた。瞑想ホールを横切って歩きながらおこなう瞑想は、足の「上げ」「移動」「下げ」を一歩一歩たしかめつつ歩くため、非常にゆっくりとしか進まないので、当初、私にはこれが時間の無駄使いにしか思えなかったのだが、今や楽しく感じられるようになった。時おりの休憩時間にはこっそり抜け出して、瞑想センターの後ろの森の中の小道へ分け入った。そこでは、周囲のものに超敏感に同調する自分を発見した。足の裏で小枝がパチパチ音をたてるのがダイヤモンドの裂ける音のように感じられた。一方、食堂では精進料理が出され、味気のない平豆のシチューやピーナッツバター付きのライ麦クラッカー、あるいはそういった類のどれもが特別においしく味わえた。ピーナッツバターのかすかな隠し風味にも初めて気づいた。建物の中央ベランダから眺めるマサチューセッツの冬の夕日は、痛いほど美しかった。夜ともなると、今までになくぐっすりと熟睡した。

そんなとき、突然すべてが暗転したのだ。それと気づかない間の出来事だったが、それまで静かだった瞑想ホールがあっという間に拷問部屋と化したのだ。その後数時間、私はネガティブな思考とそれにまつわるさまざまな感情に襲われ続けた。気がかりなこと、やましいこと、心配なこと、敵意、退屈、焦燥、それに恐怖までが、あたかも何年間も見えない場所に集まって共謀していたかのように、いっせいに私に襲撃を仕掛けてきたのである。何よりも辛いことに、それらはすべて自己を批判するものばかりだった。私は突然思い知らされたのだ——それも、どういうわけか、私の人生に起きた数えきれない悪事や不都合な出来事をすべて一時に思い起こすことになったのである。両親や兄弟姉妹、友だち、恋人たち、同僚たちに対して発したきついことば、十分に育まれなかった人と人との絆——それらの一つひとつは全体からみて些細なことかもしれないが、どれもこれもが私の心を悲しみでいっぱいにしたのである。

数カ月後にたまたま巡り合った仏教書によると、この心理現象は伝統的に瞑想者がかならず通過する「悟りへの初期段階」である、との説明であった。「因果の自覚（knowledge of cause and effect)」と呼ばれ、人間の行為の因果関係をあらためて考えなおすきっかけにもなる、という。瞑想の結果として感じる悲しみは、仏教徒の視点から見れば、好ましいことであり、慈悲心を育てる肥沃な土壌でもある、という。

悔悟の念に苛められてからほぼ一日経ったころ、私は身体の中で何かが起こり始めているのに気づいた。心の中はいまだに平穏やリラックスからほど遠い状態だったが、思考や感情への執着心が湧くたびに神経を呼吸に集中させるよう努力した。その効果が出始めたようだ。心の動き全体を観察できる地点が微妙にずれて、あたかも梯子を一挙に二段ほど登った高所へ移動したようだった。でも、そのこと自体、あまり気にならなかった。森田正馬の表現を借りると、私の心の動きは何であれ、すべて単なる精神的事象にすぎず、判断や裁定の対象ではないことに気づきはじめたからだ。私が心に思い描くことは、多くの場合、何らかの形で過去か未来にかかわっていた。だが、私はもはや強引に白昼夢や不愉快な記憶の中に引きずり込まれることはなかった。現に私は座布団に座って、事の成り行きを、パニックのような気分に陥らず、むしろ非常に興味深く見つめることができるようになったのだ。

しかしながら、何よりも不思議で、ことばでも説明しにくいのは、いったい自分はどの視点から物事をみているのか、という疑問である。仮に私が自分の思考に巻き込まれることなく、一歩離れた場所でその思考を観測しているのだとすれば、その観測地点はどこなのか？　どこにも無いのではないか？　あるいは、どこにでもあるというのか？　私は、まるで虚空に入り込んだような気分になった。そこで思い出したのは、この瞑想センターへくる途中のタクシーの中でアディナと話し合ったこと、そして、ペマ・チュードゥンのことば「不確実（不安定）な状況の中でリラックスすること」であった。そうすると、突然はっきりしてきたことがある。それは、私が今まで思考の裏側に広がる虚空を恐れるあまり、それに陥らないように必死に思考にしがみついて日常生活を送ってきたことである。ただし、今現在、私は虚空の真っただ中にいる。しかも、それは恐れるに足らないことだった。

瞑想の実践集会も終わりに近づいたころ、驚いたことに、それが終わらないことを願っている自分に気がついた。もう一週間延長されても、問題なく滞在できた。さらには、多くの友人たちに囲まれている気分にもなっていた。他の参加者のほとんどと一言もことばを交わすことなく、また目を合わせることもなかったのに、また後日どこかの路上で会っても相手が分かるはずがないのに、瞑想ホールにフツフツと湧き起こってくる親近感を肌身に感じることができた。ゴングが鳴って、ふたたび会話を許されたが、今さら軽い世間話などしても耳障りで気まずいだけだった。せっかくの親近感がぶち壊されるような気がした。

帰り支度をしているとき、玄関のポーチの前で私はアディナに会った。

「それで、あのことは……」とアディナが話しかけてきたが、その声はだんだん細くなり、ついに黙ってしまった。一週間の出来事をわずか数語で言いあらわすなどまったく無駄な試みに思えた。「何が言いたいか、よく分かっているよ」と、私は答えた。

ニューヨーク行きの列車に何とか乗ることができた私は、そのころになって、頭がずきずき痛んできた。それまで静寂にどっぷり浸かってきた頭や心が通常の世界の騒音に耐えられなかったのだ。受信箱にたまったたくさんの電子メールを片付けても、頭痛は治らなかった。しかし、ストレスで疲れきった思考は、以前より速く頭から消えていった。この調子だと、ちょっとした悪天候にも我慢できそうだ。

今まで述べてきたことはいずれも、心理学に関係する仏教本来の教えのほんの一部にすぎない。しかし、その要点は、幸福へ至る「ネガティブ」な行程の中心となるものである。どんなにやっきになっても今の天候を変えることはできない。いつも杖を携行することで知られている韓国の大禅師崇山行願は一九七〇年代、アメリカの聴衆に向かって次のように語った。「雑念のない澄んだ心は空に浮かぶ満月のようなものです。時には雲がやってきて満月を覆いますが、満月は変わらずに雲の後ろに浮かんでいます。雲が去ると、満月は再び明るく輝くのです。ですから、澄んだ心についても何も心配することはありません。いつもそこに存在しているからです。何らかの思考がやってきても、その後ろには必ず澄んだ心が存在しています。思考が去っていくと、澄んだ心だけが残ります。思考は来ては去り、去ってはまたやってきます。思考の出入りを何とかしようなどと、執着心を起こしてはなりません」

崇山行願が聴衆に向かって言いたかったのは、自分たちの考えるシナリオに執着するな、自分たちの考えや感情をいかなる判断や裁量も加えずに観察しなさい、そうすれば世の中がどんなに乱れても背後にある安寧を見出すことができる、ということだった。しかし、それでもなお自分の考えに固執する聴衆がいたらどうするのか。「そこで、わたしはこの杖で人々を三〇回打つのです」と、崇山行願は好んで言ったそうである。

第4章

目標は危ない

——将来をコントロールしようなどと考えるな

「未来」とは、
諸事万端成就し、真の友に囲まれて、
しあわせが保証つきであるという、あり得ない一時期のこと。

——アンブローズ・ビアス著『悪魔の辞典』より

インディアナ州出身のクリストファー・カエス（二八歳）は一九九六年、ヒマラヤをトレッキングしようと、旅行会社に登録していた。休暇をリラックスして過ごそうと思い立ったからだが、結果的には、彼の人生をすっかり変えるほどの体験をすることとなった。

カエスの職業は株のブローカーだが、企業コンサルタントとしても忙しい日々を送り、心身ともに疲れ切っていた。一方、ずっと以前から興味を持っていたのがビジネス心理学で、いずれは人間の組織的行動について研究し、博士号を取ってやろうと心に決めていた。しかし、十分な機会と時間がとれないまま年月が経っていった。そんなある日、旅行雑誌にネパールへのグループ・ハイキングの広告が載っているのを見つけた。これこそ、人間の組織的行動の実践研究に絶好の機会だと思い、参加することにしたのである。

飛行機がカトマンズ空港に着陸したとき、カエスはヒマラヤの美しい自然とネパール文化への期待で胸をふくらませていた。しかし、彼がヒマラヤ山中で実際に遭遇した事件は、極めてやっかいな心理学的事象だった。そのときの強烈な体験が、その後の彼の人生に大きな影響を与えることになった。

カエスとその仲間のハイカーたちがエベレスト山麓の丘陵地帯でテントを張って夜営していたころ、エベレスト山頂では別の探検隊が史上空前の大惨事に遭遇していた。その日のうちに八人もの隊員が命を落としたのである。

遭難した登山隊の一員でかろうじて生き延びることのできたジャーナリストのジョン・クラカ

ワーは、ベストセラー『空へ——悪夢のエヴェレスト』（山と溪谷社）の中で当時の様子を詳細に述べている。以来、この遭難事故は登山家への教訓として長く言い伝えられることとなった。カエス自身、放心状態で下山する何人かの登山隊員や救助隊員に会い、彼らの疲れきった様子を目の当たりにしている。

現代では、エベレストの探検は商業化され、十分な資金とちょっとした登山技術さえあればガイドを雇って頂上まで登ることができるが、それでも登山途中で死亡する人は絶えない。一九九六年の遭難事故が注目されるのは、死亡者の人数の多さもさることながら、原因を一意的に説明できないところにある。頂上の天気はいつものとおりで特に悪いわけではなかったし、大量の犠牲者を出す突然の雪崩も発生していなかった。自費で参加した登山家たちも、素人とはいえ登山に必要な技術は十分備えていた。『空へ——悪夢のエヴェレスト』によると、悲劇の原因の一つにカザフスタン人の登山ガイド、アナトリー・ブークレーヴの頑固さと傲慢さを指摘する人がいる。確かにそれを裏付ける証拠はあるが、十分な説明とはいい難い。なぜなら、登山家はグループになると、多かれ少なかれ誰でも頑固で傲慢になるからだ。

結局、山での遭難事故の多くは「集団のもつ不合理性」を如実に物語っている、といえるかもしれない。不幸にもその極端な例となった今回の事件は、頂上から約二二〇メートル手前の岸壁、ヒラリー・ステップに一行が着いた五月一〇日の正午ごろに起こった。以後「交通渋滞」という異名で呼ばれることになった事件である。

総勢三四名の登山者からなるこのグループは、ニュージーランドと米国と台湾の三チームで構成されていた。頂上から約九〇〇メートルの第四キャンプから頂上までをその日のうちに登ろうと計画し、米国チームとニュージーランドチームは互いに協力して起伏の多い山道を順調に進んでいた。だが、台湾チームは別行動をとり、当初の打ち合わせでは登らないことになっていたコースをたどっていた。さらに悪いことに、台湾チームはヒラリー・ステップに到着したとき、後続者のための安全ロープの設置を怠ったのである。その結果、グループ全体のスムースな行進ができなくなり、交通渋滞を起こしたのである。

エベレストを攻略する上で最も大切なことの一つは、タイミングである。登山者は厳格な「ターンアラウンド・タイム（折り返し時間）」、つまり下山を始める時間を順守するものとされている。このターンアラウンド・タイムは、天候の状況によって、またリーダーの判断で多少は異なるが、正午から午後二時までの時間に設定される。第四キャンプを夜中に出発すると、通常なら正午すぎには頂上に到着できるが、何らかの事情で間に合わないときは、直ちに登山を中止して下山を始めねばならない。もしこれを怠ったなら、登山者はボンベの酸素が欠乏したり、暗闇の中で厳しい天候をしのいだりして、大きな危険を冒すことになる。にもかかわらず、ヒラリー・ステップで交通渋滞に遭遇した登山隊はターンアラウンド・タイムを無視して行進を続けたのである。

第四キャンプに残った米国人登山家のエド・ヴィエスチャーズは、望遠鏡で登山者たちの動きを眺めていた。彼らの余りにもゆっくりしたペースに信じられない面持ちでつぶやいた。「もう何時間も登り続けているのに、まだ頂上に達していないじゃないか」。胸さわぎがしたのを今も覚えているそうだ。「どうして、引き返さないんだ?」

三つのチームがようやく頂上に着いたときは、ターンアラウンド・タイムの限度である午後二時を二時間も超過していた。最後尾についていたワシントン州出身の郵便局員、ダグ・ハンセンは、自費でニュージーランドチームに参加していたが、彼が頂上に着いたのは何と午後四時過ぎという驚くほど遅い時刻だった。彼は、一昨年にもエベレストに挑戦したが、頂上まであと百数十メートルというところで下山を余儀なくされていた。今回は、前回のように途中で下山することはしなかった。その代わりに、日が暮れ暗くなってから猛吹雪に閉じ込められる結果となった。行く手をはばまれたハンセン他七人はマイナス四〇度にまで下がった気温の中で寒さに耐えきれず死んでいった。死にもの狂いの救助隊の努力は、他の何人かの登山者を救ったものの、ハンセンたちのところまでは及ばなかったのだ。

エベレスト登山がプロだけでなく素人登山家にも可能になって以来、一九九六年の遭難事故はエベレスト史上最大の死者数を記録することとなった。それにもかかわらず、なぜあのような惨事が起こったのか、正確なところは未だに誰にもわからないのである。

ただ、カエスだけは例外かもしれない。元ブローカーで、今は組織行動学の専門家であるカエスは、登山家としては素人なので、今回の惨事の検証役としてはあまり役に立ちそうもない。しかし、彼は帰国後もずっとこの遭難事故の真相を、組織行動学の面から追っていたのである。そして、エベレスト山頂で起こったことを詳しく知れば知るほど、同じ事象がビジネス業界でも頻繁に起こっていることに、カエスは気づくのであった。そこでカエスは考えた。「ゴールを目指す情熱が登山家たちを破滅の淵へ誘惑したのではなかろうか」

彼の仮説はこうである。終着点、つまり山頂攻略にこだわればこだわるほど、ゴールは単なる客観的な目標ではなくなり、登山者のアイデンティティの一部となり、あたかも自分が熟練のガイドあるいは優秀なアマチュア登山家であるかのような錯覚に陥ってしまうのではないか、というものだ。

カエスの予感があたっていたとしたら、登山家たちにとって目前のゴールをあきらめることは時間とともにますます困難になっていったに違いない。たとえ、それが自殺行為であることが分かっていたとしても、である。実際のところ、遭難を暗示する兆候は山ほどあっても、それらは登山家たちの「ゴールを達成するまでは下山しない」という決意を強める効果にしかならなかっただろう、とカエスは確信した。

神学理論に「セオディシー」というのがある。日本語では「神義論」と訳されているが、要するに邪悪のはびこる世の中で善意の神の存在を信じ続けることを意味する。この用語は、矛盾する現象の中で何か一つの信念を保持し続けようと努めるときによく使われる。カエスは、ゴールを目指す登山家たちの心境を表すのに、これをもじって「ゴーロディシー」という新語をつくった。

破滅のゴールを追って

カエスは、企業コンサルタントをしていたときにも同じような矛盾に悩まされた。企業家たちは何らかのゴールを設定し、仲間や従業員にそれを絶対的な目標として信奉させたのである。事態は今もたいして変わっていない。

世間の見立てでは、明確なビジョンを持つリーダーというのは、大きく大胆な目標を設定し、その目標達成のためにあらゆる経営資源を投入しようとする人たちを指している。一方、従業員たちは、多くの場合、それぞれの仕事の目標があらかじめ定められているか、あるいは自ら設定するよう求められる。その目標とは、具体的であり、測定でき、期限を定めた、達成可能な現実的な目標でなければならない。

多くの自己啓発本には、功を成し満足できる人生を送る鍵となる具体的で野心に満ちたゴールが示されている。「来年の今ごろまでには、夢の女性と結婚し、ビーチハウスのバルコニーに座って、毎月一万ポンド稼いでみせよう」。実践主義を情熱的に唱道するブライアン・トレーシーはその著書『ゴール――最速で成果が上がる21ステップ』（PHP研究所）で次のように主張している。「明確なゴールなしに生きることは濃い霧の中を運転するようなものだ。（中略）明確なゴールを持てば、あなたはアクセルを踏んで人生のスピードを上げ、競争社会で一歩先んじることができるだろう」

しかしカエスは、物事がそんな風に進まないことをしばしば目の当たりにしてきた。業務上のゴールを設定し、みんなで情熱的に追求したとしても、いずれその愚かさが露見し始めるのは避けられない。そこで、反動的にゴーロディシーが入り込むのである。たとえ愚かなゴールと分かっても気にすることなく、それまで以上の努力を積み重ね、さらなる経営資源をつぎ込むべきである、という盲目的なモチベーションが再認識されるのである。そうして事態がいよいよ悪化していくのは、驚くに値しない。同様のことが一九九六年にエベレスト山頂で起こったと、カエスは考えた。

クリス・カエスは現在、ワシントンDCのジョージ・ワシントン大学の経営科学教授をしている。ここ数年は講演旅行に出ることが多く、そのたびにエベレストでの遭難事故を例に挙げて、ゴールに執着することの誤りを説いている。しかし、彼の講演に、反感を覚える人は少なくない。あるロシア人学生などはカエスに対し次のようなそっけないメールを送ってきた。「そのような大悲劇を扱った感情的なトピックは、実業家が学ぶことではないでしょう。悲劇とか、人間の存在などにかかわる難問は、詩人や小説家や戯曲作家に任せておけばいいのです。組織のリーダーシップとは関係ないトピックだと思います」。だが、自説を取り下げる気のないカエスは言う。「私がエベレストの惨事について考えない日は、おそらく一日もないでしょう。まるで、自分の家族を亡くしたようなショックでした。それ以降の私は、『悪夢にとりつかれた』状態にあるといっていいでしょう」

カエスの仮説を裏付ける有力な証拠として、一九六三年に行われた心理学的調査がある。今までほとんど注目されなかった調査だが、目的意識を持つ一七人のプロ登山家たちによって決行されたものだった。彼らは、米国人として初めてのエベレスト山頂制覇を目指していた。リーダーのジェイムズ・レスターは心理学者で、なぜ人々がこのように野心的で危険極まりない冒険に挑もうとするのか、その動機を調べるのに、この探検が絶好の機会となるものと考えていた。アメリカ海軍の資金援助を得て、レスターと数人の仲間はカリフォルニア州バークレイに気鋭の登山家たちを集め、まず一連の適性検査を実施した。レスターが参加者に向かって並々ならぬ決意を表明した後、一行は太陽の明るいカリフォルニアを離れ、海抜六四〇〇メートルの第二キャンプへ向かった。そこでは、シェルパ族のガイドと一緒に他の登山者全員に対しても再度の適性検査を行っている。

カエスはその著書『Destructive Goal Pursuit（破滅のゴールを追って）』の中で、典型的なエベレスト登山家についてレスターがどのように認識していたか、次のように説明している。「彼らはかなり情緒不安定で、決められた日常業務を好まず、自主性を強く求め、個人的には相手を支配しようとし、社会との積極的なかかわり合いに興味を示さない連中である。彼らは目標達成欲と独立欲がきわめて旺盛なのである」。言い換えると、レスターは、登山家の多くが社会慣習を大切にしない傲慢な一匹おおかみである、と言っているのだ。加えて興味深いのはレスターの命令で登山家一人ひとりが書くことになった日記の内容である。これは、本格登山の三カ月前から書き始めさせていた。

ベースキャンプに向かう途中、頂上に至るための最善策をめぐって隊員たちの間で意見が対立し、二つのグループに分裂してしまった。人数の多い方のグループはサウス・コルを経由する定評のルートを選んだ。そこは絶えず激しい風が吹き荒れているが、積雪量は比較的少ない山岳路だった。少人数のグループは、遠方の前人未踏のウェスト・リッジ（西尾根）を経由して頂上へ向かいたいと言い張った（このルートは、今日でも死亡率が一〇〇パーセントを超えるとされている。途中で遭難し死亡する人の数が登頂成功者の数を超えているのである）。隊員たちの意見の相違に注目したレスターは、それぞれの隊員が自分の選んだルートについてどれほど楽観的に感じているのか、あるいは悲観的に感じているのか、日々変わる気持ちの動きを日記に書かせた。

隊員たちの日記を分析したところ、意外な事実が判明した。山頂攻略の日が近づくにつれ、西尾根グループの抱いていた楽観論は急速にしぼみ始め、代わりに隊員たちに絶え間ない不安が襲ってきたという。これは、当初から予測できたことでもある。なぜなら、そもそもこの西尾根ルートは未だ誰も挑戦したことがないからだ。だが、登山家たちの日記をみると、彼らの西尾根ルートに対する不安や悲観論が膨らむにしたがい、そのルートへの執着心も同時に強くなっていったことがわかる。カエスの言葉を借りると、「頂上を征服する可能性に不安を感じれば感じるほど、登山家たちは独自の戦略に賭けようとする傾向を強めていった」という。こうして、奇妙な自縄自縛の環が形成されていった。隊員たちはゴールに達するのがいかに難しいか、悲観的な情報をやっきになって集めたことだろう。たとえば、異常天候になって西尾根へのアプローチがさらに困難になるのではないだろうか、などだ。そうすることで、自分たちの不安を一段とかきたてるのであった。と同時に、つのる不安を解消するためにはゴール達成の決心を固め、それに全身全霊を賭けてみるしかないと思い込むのであった。今やゴールは自分たちのアイデンティティの一部となっているので、ゴールへの不安は単に計画を脅かすだけではなく、各人の独自性を脅かすものとなっていったのである。何がなんでもこのような不安を払いのけたいと思うと、あらかじめ準備された明快で断固とした計画がさらに確固たるものに思え、それに強くしがみつこうとするのである。たとえその計画が無謀なものであることが次第に明白になっていったとしても、だ。こうして、彼ら登山家たちはゴーロディシーの罠に陥ってしまったのだろう。

しかし、この一九六三年の探検は、カエスの主張と相反する結果となった。つまり、西尾根登山隊は、その危険な計画を強行して無事生還したのである。その一方で、一九九六年の遭難ではあまりにも多くの登山家が犠牲になった。両者に同じ思考経路が働いたかどうか判断するには、結果があまりにも違いすぎる。だが、ベック・ウェザーズという登山家は、両者が本質的に違わないことを身をもって証明しているのである。彼はその同じ年、二度も山中で遭難し、死んだものと思われていたが独力で生還した。凍傷で鼻と何本かの指を失ったが、身体をひきずるようにしてキャンプに辿り着いた。そして後日、次のように振り返っている。「ゴールを追い過ぎるって、よくあることさ。ついつい、目標に夢中になってしまうのでね」と。

一九九六年の悲劇の現場をキャンプから望遠鏡で見ていた登山家のエド・ヴィエスチャーズは、次のように生々しく語ってくれた。「誰だって、あの地点に到達するまでには何年ものトレーニングを受け、何カ月もかけて準備し、さらに何週間もかけて登ってくるのですよ。そして、ようやく目標の頂上が見える場所に立っているのですよ。そう、分かるでしょう――そんなとき、心の中で『ここまできたけど、引き返さねばならなくなった。なぜなら、時間が遅すぎるし、酸素も切れそうだから……』とつぶやきながら頂上を見る。するとそこにはあなたを引きつける磁石のようなものがある。そうして、多くの登山者は、その磁力があまりにも強いので、掟を破って山頂へ向かっていくのです。天気が良ければ無事登頂できるでしょう。だが、天気が少しでも悪くなると死ぬのです」

「人生の目標」は本当に重要か

将来計画を立てることの重要性を説いた本を読んだことのある人なら、一度や二度は『エール大学での目標設定に関する調査』の記事に出会ったことがあると思う。これは、人生の計画を詳細に立てることがいかに重要かを証明する一種の伝説的な発見とされており、既述のブライアン・トレーシーの著書『ゴール』だけでなく、他の多くの書籍にも引用されている。

この記事の要点は次のとおりである。一九五三年、エール大学を卒業しようとしている学生たちに、卒業後の人生の目標を具体的に立てて書きとめているか、と質問したところ、わずか三パーセントの学生が「している」と答えた。その二〇年後、同じ五三年卒の同窓生たちの人生がその後どのように展開したかを追跡調査したところ、明解な結果が判明した。具体的目標を立てた三パーセントの卒業生が築いた金融資産の合計が他の九七パーセントの卒業生の資産の合計額を超えていた、というものだ。これは驚嘆に値する発見である。人生をただ生きればいいと考えているだけの若者にとっては、強力な戒めである。自己啓発の世界や会社生活の多くの場面で、一つの伝説として取り扱われても不思議ではない。ただし、問題となるのは、それがまさに伝説そのものであるということだ。つまり、それは単なる伝説にすぎず、実際にそのような研究が行われた訳ではない、ということである。

何年か前のこと、『ファースト・カンパニー』という技術雑誌の記者が、この伝説化した『エール大学での目標設定に関する調査』の出所を探ろうと、追跡調査に乗り出したことがある。というのは、この伝説を裏付ける学術的な記事がどこにも見当たらないのを不思議に思ったからだ。そこでまず、この伝説を好んで引用する自己啓発の大物たちに伝説の出所を尋ねてみた。すると、彼らは一様に戸惑いながらも自分以外の大物の名前を引きあいに出すのだった。アンソニー・ロビンズはブライアン・トレーシーに尋ねることを薦め、ブライアン・トレーシーはジグ・ジグラーに質問すればいいよ、といった風にである。ちなみに、ジグ・ジグラーは、人々にやる気を起こさせるのがうまいベテラン講演家で、「やる気を起こせ！」セミナーの常連である。講演旅行を終えたジグ・ジグラーは、記者の質問に対し、アンソニー・ロビンズにお聞きなさい、と言ったそうである。

そこで、この問題を直接調べてみようと思った私は、エール大学の上級公文書保管人ベヴァリー・ウォーターズを訪ねた。彼女はとても親切で、何でも積極的に手伝ってくれそうだった。しかし、私が『エール大学での目標設定に関する調査』の話をすると、彼女は少しいら立った声を出した。「何年か前に、この問題が起こったとき、私自身が体系立った調査をしたことがありま す。でも、何も見つかりませんでした。さらに、一九五三年卒業のクラスを担当する秘書が再度体系立った調査を行いましたが同じ結果でしたよ。対象となる卒業生一人ひとりに質問したのですが、問題の「将来計画についての質問票」に回答を求められた者など一人もいませんでした。また、類似の質問を受けた者すらいませんでした」

彼女は続けた。「他の年度の卒業生についても、そのような調査が行われたとはとても思えません。一九五三年の調査というのは、何かの間違いではありませんか？ 仮に行われていたとしたら、エール大学同窓生協会が関与したはずです。ところが、協会にはそのような記憶を持つ同窓生は一人もいないようです」。ウォーターズ女史は、ため息をついて言った。「あなたのお話は、真実でないにしてもあまりにも出来過ぎているように思います」

言うまでもなく、このような研究が実在しなかったからといって、ゴールを設定するメリットが否定されるものではない。むしろ現実には、ゴールの設定が非常に役に立つことを証明する研究例が数多くある。今ここで問題にしたのは、ことゴールに関する「幻想」があまりにも遠くまで一人歩きしてしまったことである。しかし、およそこの種のテーマの裏には、誰にも共通するある種の衝動がある。人は人生のいろいろな地点で、何がしかのゴールを設定しようとするはずである。結婚相手を見つけようとか、特殊な仕事に就こうとか、特定の町に住もうとか——そしてそれらの目標を達成するために具体的な計画を立てることだろう。

このことを拡大解釈して考えると、たいていの人々はそれぞれの人生の中で目覚めている時間の大半を費やして自らのゴールを設定し、それを達成するための計画を立て、実行しているのである。「ゴール」という大げさな言葉は別にしても、われわれはいつも、望ましい結果を求めて何らかの計画を立てて実践しているのである。フランスの偉大な政治哲学者アレクシ・ド・トクヴィルは次のように述べている。「考えてもみなさい。人は誰でも今より多くの快適さを得ようとして立てた新しい計画で頭がいっぱいなのです」。トクヴィルの言う「快適さ」だけでなく、他にもいろいろなゴールを設定することはできるだろう。実際のところ、われわれは絶え間なくさまざまな計画を立て、それらに心を奪われているのである。

「絶え間なく何らかの計画に心を奪われている」状態を問題視するのが、幸福への「ネガティブな道」を説く人たちである。なぜなら、ゴールを設けそれを追いかけることは時として恐るべき逆効果を招きかねないからだ、という。個人であれ、組織であれ、多くの場合、ゴールの設定にそんなに時間をかけない方がよい、あるいはもっと大まかな言い方をすれば、**将来の望ましい姿を計画することにあまり精力をかたむけない方がうまくいく**、というのである。

この考え方の中心にあるのは、クリス・カエスとジェイムズ・レスターがエベレスト登山家たちを観察して得た洞察そのものでもある。つまり、将来の目標や計画は、たいていの場合、現状や将来の見とおしを冷静に判断して立案されるのではなく、むしろ、はるかに希望的・感情的な性格を帯びているというのである。カエスは私に語った。「不安はその人の将来をさらに理想的にします。理想的な将来像を心に描いている限り、何もかもうまくいくものだ、と自分自身に言い聞かせようとしているのです」

言うまでもなく、エベレスト登山には頂上という具体的なゴールがあり、それに見合って用意周到な計画が立てられる。しかし、カエスは考えた。一九九六年の遭難は隊員が常に抱いている「不安を克服したい」という気持ち、つまり不安への反発心が強くなり過ぎた結果、ゴールに賭ける気持ちが過剰になり、当初計画していた全体のバランスを崩してしまった。それが命取りとなったのだ、と。

一番怖いのは極度の不安である。心理学者のドロシー・ローが言うように、われわれは不安になることを死ぬよりも恐れている——不安な気持ちから逃れるためには、命がけでどこまでも突き進もうとする。しかしながら、この章の後半で述べるが、このジレンマを克服する強力な方法がある。それは不安を快く受け入れることであり、不安の中に隠された将来性を引き出すことである。そうすることで、現在をもっと快適に過ごし、将来にはより多くの成功を手にすることができるのである。

とりあえず目先の一時的な不安や不快感を最小限に抑えるため、われわれは人生を左右するような重大な決断を下してしまうことが往々にしてある。一体どれほど頻繁に、このような大決断を行っているのか、非常に気掛かりなところである。そこで、次のような後悔を伴う自己点検をやってみよう。いったん決心したものの、後になって後悔するケースはなかったか？　たとえば、自分のためにはならない相手であることが分かっていながら、あえて親しい人間関係を築いたことはないか？　あるいは、自分の興味や能力に合わない仕事を無理して引き受けはしなかったか？　などである。

難しい決断をしなければならない局面に出会ったときには、不安のために胃腸がきりきりと痛むように感じることが多い。決断してからもしばらくこのような痛みが続くようなら、最初の決断が不適切な動機で行われた可能性が高い。つまり、決断するに際して合理的な考慮が十分になされなかったのではないか？　そのときの一時的な不安な感情から緊急に逃げようとしたのではないか、という疑問が湧いてくるのである。

心理学的ブログを書いているデイヴィッド・カインは、不安に耐えられない気持ちが人生の選択肢にどのような影響を与えたかを振り返りながら、次のように述べている。「わたしの人生は不安へのアレルギーによって一変しました。そのときの心理状態をつぶさに思い起こすと心が乱れます。わたしが一万ドルもかけて三年間コンピューターのプログラミングを辛抱強く学んだのもそのためです。それを生活の糧にしたいとはさらさら思いませんでした。ですから、やる気の起こらない仕事で時間をつぶして日々を過ごすことになったわけです。人間は、いったん不安を覚え始めると、気分がどんどん落ち込んでいきます。そんなとき前向きにしなければならないのは、どこかしっかりした足場を探してそこへの緊急着陸を試みることです。たとえ、その足場がどっちの方角にあろうとも、です。そして、いったんその足場に上陸できれば、そこで一息入れることができるのです」

ゴール設定の問題点を問う

いくらゴールを追い求めても期待はずれに終わったり、裏目に出たりすることが多いのはなぜか？　その理由の一つを理解するのに分かりやすい例がある。雨の中でタクシーを呼びとめようとしてもなかなかつかまらず、困った経験をしたことがあるだろう。雨の日になぜタクシーがつかまらないのか、その理由は五歳の子どもでも知っている。つまり、雨が降るといつもより多くの人がタクシーを利用しようとし、需要が供給を上回るからである。そのとおりだが、それだけで正解と言えるのか？

そこで、経済学者のコリン・キャメラーと三人の同僚が雨の日のタクシー不足問題の調査にのりだした。場所はニューヨーク市である。現地の状況については、前もって知らされていたものの、実際調査をして分かったことは、タクシー不足の原因が見た目ほど単純ではないことだった。確かに、雨が降るとタクシーの需要は大幅に増える。しかし、同時に、タクシーの供給が減るという、奇妙な現象が起こっているのである。これは、「金儲けの機会が増えれば人はそれだけ多く働こうとする」という経済の基本的前提条件に矛盾するものである。タクシーの運転手は労働時間をある程度自由裁量で決めることができるので、需要が最大になれば彼らも最大限働こうとするに違いないと思うだろうが、実際には雨が降るといつもより早く仕事を切り上げてしまうのである。

さらに調査を進めていくと、この奇妙な現象の原因が「ゴール」にあることが分かった。ニューヨーク市のタクシー運転手は一二時間単位でタクシーをレンタルしているが、一日の収入の目標をレンタル料の倍額に設定している。雨が降るといつもより早くこの目標値を達成するので、早々と帰宅するのだそうだ。したがって、この「ゴール」があるために、ニューヨーク市民はいちばんタクシーを必要とするときにタクシーが不足し、タクシー運転手はもっとも稼ぎやすいときに追加収入の機会を失くしているのである。

もちろん、タクシー運転手が収入よりも余暇の方を選ぶのが悪いと言っているのではない。彼らの選択はまったく自由で妥当なものである。もっとも、雨の日に休暇をとっても仕方ないだろうに、とは思うのだが。とにかく運転手たちは、経済学の型にはまっていない。

タクシー運転手の一日の収入目標は、エベレスト登山の目標とはまったく違うものである。また、今回の調査団はタクシー運転手の動機や心情にまで踏み込んで調べたわけではない。しかし、このタクシーが不足する問題は、不安定な状態によってわれわれの気持ちがいかに不愉快になるかを示す一事例である。タクシー運転手は、不確かな状態で荒稼ぎするよりも安定して収入を得る方を好んだようである。つまり、より多くの利益よりも安定したゴールに賭けたのである。

このニューヨークのタクシー運転手の動向に注目したのがリサ・オルドニェスという名の大学教授である。彼女は二〇〇九年、三人の同僚と一緒に「ゴール設定の問題点を問う」という、当時の学会では異端的な研究にとりかかった。当時の学界では、経営管理の研究において「ゴール設定」が問題になることはめったになかった。というのは、ゲアリー・ラザムとエドウィン・ロックという二人の北米の経営理論家たちがすでに過去四〇年にわたって優に二〇冊を超える著書を出版して、「ゴール設定」の主唱者としての地位を確立していたからだ。彼らの信条とするところは、ビジネス・スクールの新入生に向けて最初に教えることの一つで、「事業家として成功するのに最初にしなければならないのは具体的な目標に焦点をあてた事業計画を立てることである。手加減は許されない」というものだった。「『できるだけのことをやれ』などと漠然と言われた者は、何もやらないだろう。主旨があまりにも曖昧模糊としているからだ」と、エドウィン・ロックは私とのインタビューで語った。

これに対し、オルドニェスと仲間の研究者たちは、普段は無味乾燥な『経営学会の視点』という雑誌の二〇〇九年号に、「手に負えなくなったゴール」という強烈な皮肉のタイトルで猛烈な反論を展開したのである。ラザムとロックの研究ではあれほどうまく機能した目標設定も、オルドニェスたちの実験によるといくつかの重大な副作用を伴うことがわかった、という。たとえば、目標を明確に規定されると、人々はついついごまかしをしたくなるようだ。ある研究で、一連のランダムに並んだ文字を組み合わせていくつかの単語を考え出す仕事を与えられた参加者は、途中経過を匿名で報告する機会を与えられたとき、具体的な目標を与えられた者の方が、ただ「最善を尽くしなさい」と言われた者よりはるかに頻繁に嘘の報告をしたという。

しかし、オルドニェスたちは、これよりもっと大切な事実に注目している。それは、実社会において何らかのゴールを設定しても、心理学研究室で行われる「ゴール設定」の実験ほど単純に効果をあげることができないということだ。実際の生活においてゴールに執着することは、思いのほか多くのトラブルが個人にも団体にも生じるという。その顕著な一例は、米国自動車業界における巨大企業ジェネラル・モーターズ（GM）である。

世紀が二一世紀に替わったころ、GMは深刻な苦境の中にあった。小回りの利く日本車を始めとする競争相手に顧客を奪われ、利益は激減していた。そこで、デトロイトのGM本社の経営幹部たちは、ラザムとロックの哲学を文字通り実践しようと、「29」という具体的な数字のゴールを設定した。マスコミを通じて大宣伝されたこの数字は、かつてGMが米国市場で占めたシェアのパーセンテージで、今回の奪還目標となったのである。GMの上級社員たちが付けている小さな金色の襟章にもこの数字が記され、目標達成の決意が示されていた。あらゆる社内集会や社内文書で「29」という目標数字が喧伝され、販売員からエンジニア、渉外担当者にいたるまですべての社員の胸にたたきこまれた。

それにもかかわらず、この計画はうまくいかなかった——むしろ、事態をさらに悪化させたのである。マーケットシェアの挽回に心を奪われていたためか、車の値引き販売や巧妙な広告宣伝に力を入れて不人気な車を顧客に買わせようとした。そのために、乏しくなる一方の財源をつぎ込んでいったのである。もし、この資金を先行投資的で容易に変更可能な——言いかえると、もっと不確かな——新車の開発研究に使っていれば、今よりもっと革新的で評判のよい車を開発できたかもしれない。確かに、GMの業績悪化の原因は他にもあった。しかし、この「29」という数字が唯一絶対的なこだわりの対象になったがために、組織は歪められ自ら傷を深めていったのである。たとえば、新聞雑誌の見出しに上級社員の襟章の数字が反映されるように、もっぱら世間体を気にした短期主義と狭量な物の見方がはびこっていったのである。

結局、GMは業績悪化の悪循環の末、一度も目標を達成することなく二〇〇九年に倒産した。最終的には、連邦政府の緊急救済措置を受け、生き延びることができたのだが、二〇一〇年のデトロイト・オートショーで、新任の北米担当プレジデントがGMの大きな変容ぶりを強調しながら、今後二度と「29」のようなキャンペーンを行わないと繰り返していた。彼はラジオ放送記者に「われわれは襟章のプリントを廃止します。今後、そのようなものは一切使用しません」と語っていた。

学会誌『経営学会の視点』でのオルドニェスたちの論文「手に負えなくなったゴール」はゲアリー・ラザムとエドウィン・ロックの激しい怒りを呼んだ。それは、同誌が発刊以来経験したことのない激しさだったと言っても差しつかえない。彼らはオルドニェスと同僚たちを過激主義者ときめつけ、「脅しの策略」を駆使し、正常な研究方法を放棄して逸話をつなぎ合わせ、「うそと侮辱的な言動をまき散らし」「信憑性を確認できない主張をしている」などとして非難しているのである。このことについてどう思うか、オルドニェスに質問したところ、彼女は次のように言い放った。「おー、神様！　わたしの顔はカッカとほてって一週間は熱が冷めなかったわ。彼らの言い分はまったく個人的な言いがかりだからね。でも、彼らの立場になって考えてみましょう。

彼らは四〇年もの間『ゴールがいかにすばらしいものか』について研究を続けてきたのよね。そして、今になってわたしたちが姿を現し、彼らに隠れた落とし穴の存在を指摘しているのよね。だから、彼らの怒りはかんしゃく以外の何ものでもないわ」

これら学界内部で行われている論争は、学界外の人たちにも重要な意味を持っている。というのは、将来の計画を立てることについて、両者の主張が基本的に相反する二つの考え方を代表しているからである。たまたまラザムとロックがオルドニェスたちに対して、実験データをすべて無視して逸話を捏造しているなどと言ったのは不当な言いがかりだが、「手に負えなくなったゴール」の論文から学びとるべき重要な教訓は、研究室の中のように単純化された実験条件が実生活にはほとんど適用できないということである。

研究室で人為的に組み立てられた実験では、一つ（ないしは一式）の仕事が被験者たちに課せられる。そのうち何人かはゴールをしっかり意識して仕事をするように言われるが、他はそうは言われない。これに対して、GMのケースが示すように研究室の外側では、それが組織的にであれ個人的にであれ、研究室ほど単純な条件下で実験が行われることは決してない。仮に一つのゴール（あるいは一式のゴール）に焦点をあてて努力したとしても、周囲の関連事象がさまざまな影響を被るのは避けられないからである。自動車メーカーを例に挙げれば、マーケットシェアの奪還という目先のゴール達成のために研究開発部門への資金を枯渇させねばならなかった。個人生活においても同様である。ある目標を達成するために、人生の他の部分を犠牲にしてしまうのがその例である。ある日、クリス・カエスが行った最後の授業で、ある企業の執行役員がカエスに次のような話をしてくれた。「彼の人生のゴールは四〇歳になるまでに億万長者になることだった。この手の話はビジネス・スクールで年がら年中話題になっていたが、彼はそれを実現したのだ。四二歳の時、彼はまさにその目標を達成したのである。しかし同時に彼は妻と離婚し、健康上の問題もかかえていた。子どもたちとの会話もずっと途絶えたままだった」。カエスは、別の受講生の例についても話してくれた。彼女はマラソン選手で猛烈な練習の末に目標を達成したが、結局は重傷を負い何週間も自宅に引きこもらねばならなくなった、という。

これは想像以上に根深い問題である。標準的なゴール設定論者なら「それは間違ったゴールを設定したからだ――つまり、ゴールが野心的すぎたか、狭隘《きょうあい》すぎたからだ」と答えるだろう。もちろん、ゴールの中には賢明なゴールもあればそうでないゴールもある。しかし、ビジョンを描くことは、本質的に、個人あるいは組織や社会のいくつかの側面を切り取って差別化し、それらに焦点をあてることだが、同時に他の部分を犠牲にすることが求められる。そこで問題になるのは、「不慮の結果の法則」である。いかに些細なシステムであっても、一カ所の変更が他にどんな影響を与えるか、予測することは非常にむつかしい。「何かを単独で引き抜こうとすると、それが宇宙の他のすべてに絡んでいることに気づく」と、ナチュラリストで哲学者のジョン・ミューアは言っている。

この考えをさらに進めたのが文化人類学者グレゴリー・ベイトソンだった。彼は若いころの大半をバリ島で過ごし、現地人の日常生活を観察した。そこで彼が得た結論は、これらバリ島民の生活が社会的一体性を保ちながら効率よく機能しているのは、彼らが「非極大化」と称している慣習と儀式に負うところが大きい、ということである。これらの伝統があるがために、村人たちは他に害を与えるような特定のゴールに熱中することがない、という意味である。たとえば、彼らの日ごろの倹約精神は、時おり行う儀式で派手に出費する習慣とバランスがとれている。そうすることで、やたらに富を追求して他の社会的なゴールに害を及ぼしたり、村民たちの間に競争心や不公平感を生じさせたりしないようにしているのである。

これと対照をなすのが西欧の工業化社会である。そこでは、経済成長を最大化することがゴールであり、そのために他のすべてが犠牲となっている。もし、米国や英国での生活ぶりをはしご登りに喩えるなら、バリ島での生活は終点のない綱渡りをしなやかにこなしていくようなものである。ロープから落下しないように絶えずこまやかな神経を使わねばならないのと同様、彼らの生活も常にバランスのとれたものにすべくあらゆる配慮がなされている。その結果は、特に設定されたゴールなどないが、常に「安定した状態」で社会の繁栄を維持することができるのである。「バリ島で複雑な相互システムが継続してうまく機能するかどうかは、ものごとの極大化を避けることができるかどうかにかかっている」と、ベイトソンは言う。しかし、だからと言って将来の計画は何もかもすべて放棄すべきだと言っているのではない。将来について特定のビジョンだけをひたすら追求しすぎないよう警告しているのである。クリス・カエスが指摘したように、一九九六年にエベレスト登山で亡くなった登山家たちは、みごとにゴールに到達したのである。つまり、頂上まで登りきったのである。悲劇は、生きて下山できなかったという意図しない結果に終わったことである。

不確実な状態に耐える力

不確実に向かって進んで行くことにどんな意味があるのか？ 言い換えると、不確実な状態に耐える力、あるいは不確実性を受け入れる力を身につけるというのは、どういう意味なのか？ この疑問に答えるために私が最初に探しだしたのは、かつては「ゴール中毒」の重症患者だったのが今は回復途上にある男だった。

その男、スティーヴ・シャピロに会ったのは、ニューヨークのウェストヴィレッジの薄暗いバーの中だった。彼はそこで一パイントのサミュエル・アダムズ・ラガービールを飲んでいた。チーズバーガーをゆっくりかじりながら、眼を半ば開いて部屋の隅のテレビに映った野球の試合を見ているという、四五歳の典型的なアメリカ人の風采をしていた。彼の職業もアメリカ人らしい印象を与えるものだった。つまり、全国を旅しながらビジネス関係者を相手にワークショップを開くコンサルタントの仕事をしていた。彼の仕事場は、会議室であったり、空港のラウンジであったり、ホテルのバーであったりした。パワーポイントを使うこともしばしばあった。だが、そのすばやい笑顔や気前のよさそうな容貌の裏には、敵の意表を突く本音が隠されていた。彼の発する言葉はアメリカの企業人がもっとも大切にしてきたイデオロギーのいくつかに相反するものだったからだ。彼は「ゴールをあきらめ、代わりに不確実性を受け入れよ」と主張したのである。

実は、シャピロのそもそもの経歴は、本来のアメリカ人らしく、高給の経営コンサルタントを目指したものだった。しかし、そのために費やした苛酷な日々が結婚生活を台無しにしてしまった。後になって彼は述懐している。「ゴールを設定したために狂気じみた日々を送らねばならなかったのか、それとも私生活の難題から逃げるための口実としてゴールを設けたのか、わたしには分かりません」。とにかく、このような危機から逃れるために、彼はさらにゴールの数を増やしていったのである（一時は、イノベーション空間のリーダーになろうとして五カ年計画を立てたこともあった、と回想している）。しかし、これらの計画はいずれも彼の人生を変えることができなかった。

彼の人生が変わったのは、ある女の友だちとの会話がきっかけだった。彼女はシャピロに対し、「とにかく、あなたは将来について多くのことを考え、エネルギーを使いすぎている」と指摘したのである。そして、自分を「カエルのように」思いなさい、とも言った。「スイレンの葉の上で飽きるまで日向ぼっこをしなさい。退屈したら、別のスイレンの葉に跳び移り、しばらくそこで時間を過ごしなさい。これを、何度も何度も繰り返して、気の向く方向に動きまわりなさい」と彼女が言ったとき、シャピロは正直言って侮辱されたのではないかと思った。しかし、スイレンの葉の上での日光浴のイメージが「怠惰」を意味するものでないのは明らかだった。シャピロの女友だちが指摘したのは、今の彼のように成果を求めてガンガン突き進もうとする性格の代わりに、それと完全に互換性のある別の性格を提供することであった。それは単純に今の彼の性格をもっと健全な方向に導くだけでよかった。事実、仕事の喜びを計画達成の五年後まで先延ばしするのではなく、今現在の仕事を楽しみながらすることでより多くの成果を約することができるようになったのである。いずれにせよ、五年後には今の五カ年計画は新しい計画と差し替えられるはずである。このような考え方がシャピロを最終的にゴール廃止論者へと方向転換させたのである。

驚くに値しないことだが、スティーヴ・シャピロに報酬を払っている会社は、きっと彼の助言に抵抗を示したに違いない。「わたしは、奇異な目で見られた」とシャピロは言っている。また、クリス・カエスも同じような反発を経験している。シャピロが訪れる会社には、次のように言うマネージャーが必ず何人かいるそうだ。「いいですか、彼らはエベレストで、大きなリスクを冒し、結果がどうなろうとお構いなく、とにかく前へ突き進もうとしましたね。それこそまさに、わたしがここで働く人たちに望むことなのです」と。

このように懐疑的な顧客に対してシャピロは、「幸福と自尊心的側面」と題して「ゴールのない生き方は人間をより幸せにします」と反論する。彼がアメリカ人の成人を対象に行ったサンプル調査によると、四一パーセントの人がゴールを達成しても幸福になれなかった、あるいは幻滅を感じたと言っている。しかも、一八パーセントの人はゴールのために友人関係や結婚生活、その他重要な人間関係が台無しになったと言い、さらには、三六パーセントの人が自前のゴールを設定すればするほどストレスがたまると言っているそうだ。もっとも、五二パーセントの人が、ストレスを減らすことが自分のゴールであると言ったそうだが。

しかし、シャピロがマネージャーたちの説得に頻繁に用いたのは、これとは別の論法だった。

つまり、従業員から何らかの成果を引き出すには、ゴールを取り除くか、ゴールへのこだわりを減らすのが一番良い方法だと説き、「無目標」と「高効率」についていくつかの逸話を披露したのである。たとえば、シャピロは一緒に働いたことのあるF１のピットクルーの一人から聞いた話を挙げる。彼らピットクルーたちはこれまでは作業のスピードを競い合っていたが、今では作業のやり方で評価されることになったそうである。つまり、現在の作業時間の記録を更新しようとするのではなく、いかに「スムースに」行動するかに注意を集中するよう指示されたのである。その結果、今までより速く作業を終結することが可能になったそうである。もうひとつの逸話は、ある会社が営業チームに対してその目標を明らかにしない方針をとったため、ゴールを見失った営業チームだったが、結局は会社の考えた目標をはるかにしのぐ結果をもたらしたそうである。「特定のゴールを設定しなければ、方向感覚を広く持って、より的確に将来のビジョンを立てることができますよ」と、シャピロは私に言った。「まるでジャズの即興演奏のようにも思えます。目的を持って試行錯誤することに他ならないのです」

ゴールを設定しないことが事業にメリットをもたらす。最近では単なる逸話だけでなく、実証例も出てきている。数年前のこと、サラス・サラスヴァティーという研究者が行った実験がそうである。それは、あらかじめ「成功者」とみなされる四五人の新人実業家を集めて行われた。いずれも、事業を始めてから一五年以上の経験があり、その経営する企業のうち少なくとも一社が上場企業でなければならなかった。サラスヴァティーは彼らに対し、将来利益を生むと思われる新しいソフトウェア製品について説明し、仮説に基づくくわしい開発シナリオを提示した。そして、参加者一人ひとりに二時間にわたるインタビューを行い、この有望ではあるが今一つはっきりしないシナリオをどのように評価するか、そして実際にどうすればこのシナリオで金儲けできるか、質問した。その結果を数百ページの記録にまとめる一方、既存の長い歴史のある大手企業の経営者にも同様の質問をし、やはり数百ページの記録を作成して両者の比較を行った。

われわれは、ややもすれば、特別な技能を持った事業家は大いに独創的なビジョンを抱きその実現に奮闘するであろうと考えてしまう。しかし、サラスヴァティーのインタビューでは、そのような考えを示す人はごく稀にしかいなかった。圧倒的に多数の人がラザムとロックのゴール第一主義をこばかにしたそうである。また、開発の精度を高めるために詳細な事業計画を作成したり、包括的な市場調査を勧める人もほとんどいなかった、という。「わたしは市場調査など信用していません。必要なのはそれを買ってくれる顧客なのです。わたしなら、一〇〇の質問をするより、何とかして買ってもらえるように努めます」と、参加者の一人が匿名でサラスヴァティーに答えていた。事業家たちは、高級料理のシェフのようには物事を考えない。高級料理人はまず料理のイメージを描き、それに最適な食材を求めるが、事業家は時間に追われる普通の家庭の主婦と同じで、まず冷蔵庫と食器棚に何があるかをチェックし、それから急いで何をどのように料理するかを考えだすのである。

ある人は次のように言った。「わたしはいつも『構え、撃て、狙え』を信条としています。時間をかけて『構え、狙え、狙え、狙え』をしていると物事は前に進みません。大切なのは、まず実際に行動を起こすことです。確かに、事業計画には興味がありますよ。しかし、それも実際に行動する場合には何の役にも立ちません。なぜなら、将来起こるあらゆることを計画に盛り込むことなどできっこないのですから」

クリス・カエスが確信を持ったのは、成功した事業家のもっとも価値ある技能とは「ビジョン」とか「情熱」、あるいは前途に横たわるあらゆる障害を打破する強固なこだわりなどではないということだ。それは、むしろ、単に何か既定の目的を達成しようという場合だけでなく、運命そのものを変更しようとする意欲を持って進む場合でも、その道程を即興で演じるだけの柔軟性を身につけることであり、その方法を慣習にとらわれずに学びとる能力である。この柔軟性は、一つのゴールにだけ焦点をあてた硬直的な考えに会うと一瞬にして押しつぶされる可能性がある。

サラス・サラスヴァティーはその「反ゴール」の考え方を一連の原則に集約して「イフェクチュエーション（実行）」と名付けた。それは、企業家精神の世界をはるかに超え、人生哲学の範疇にはいる見解といえる。サラスヴァティー流の言い方をすれば、「コーザル・マインデッド（因果的思考）」の人々は、自ら選んでか、他人から与えられたかを問わず、特定のゴールを目指して利用できるものは何でも利用しようとする。これに対し、イフェクチュエーション的思考の人々は、今現在自由に使える手段や物資に何があるかを調べ、その結果将来どんな目標に向けて、あるいはとりあえずはどっちの方向へ進むことができるのかを考えるのである。このイフェクチュエーション派の人々の中には、冷蔵庫の中の残り物を使ってうまく料理する料理人や、粘着度の不十分な接着剤を使って文房具のポスト・イットを考え出した科学者が含まれている。そのほか、余暇の趣味としている写真技術や器具を使って仕事をすることができると分かっている不幸な弁護士も含まれる。

イフェクチュエーション思考の根拠の一つが「手中の小鳥」の原理である。「自らのやり方で始めよ。機会が熟すのを待つなかれ。今自分は何を手にしているか、今の自分は何者か、今何を知っているか、今誰を知っているかを判断して、まず行動を起こせ」という。第二の根拠は「耐えられる損失」の原理である。「次の段階であっと言わせる成功をしたらどれほどすばらしい報酬を得られるか、などといった考えに惑わされてはなりません。代わりに、最悪のシナリオに注目しなさい。これはストア哲学者の考えをはっきり反映していますが、もし失敗したらどれほどの損失を被るか、自問してみなさい。それが耐えられると判断したら、次の段階へ進み、現実に何が起こるか見ればいいのです」

「何が起こるか、見てみよう」というのは、仕事にも生活にも、すべてに通じるモットーかもしれない。それは実に抜け目のない実際的なメッセージであって、曖昧なところがない。社会心理学者のエーリヒ・フロムは言う。「確かさを追求すると、物事の真意を探求できなくなる。不確実な中にあるからこそ、人はその実力を発揮することができる」。まさに、不確実性は物事の起点であって、そこには、成功、幸福、真の人生へのチャンスが控えているのである。

アメリカ人哲学者のマーサ・ヌスバウムはこの論点を倫理の分野にも適用して、次のように結んでいる。「善良な人間であるには、世の中へ向けて開かれた心を持っていなければなりません。つまり、たとえ手に負えない不確かな物事であってもそれを信じる力が必要なのです。極端な場合、それがあなたを粉々に打ち砕きそうであっても、それを責めてはいけません。このことは、倫理的な生き方について非常に重要なことを述べているのです。つまり、倫理的な生き方とは、不確実性を信頼し、不確実性に自ら進んで身をさらすことを基本にしている生き方をいうのです。それは、宝石というよりも植物に似ています。むしろ壊れやすいもので、その独特の美しさは、はかなさと切っても切れないものなのです」

第 5 章

私の思考は私自身？

――いかにして自己を克服するか

どうしておまえはそんなに不幸なのか？
考えること、なすことの九十九パーセントが
自分自身のためだから。

――ウェイ・ウ・ウェイ著『Ask the Awakened』より

一九七〇年代の後半、ロンドン中心のラッセル・スクウェアの広大な公園を訪れ、そこでひと時を過ごしたことのある人なら、三〇歳前後の痩せこけた妖精のように繊細な容姿の男が独りで何もせずにベンチに座っているのを見かけたことがあるかもしれない。男の名前はウルリッヒ・トール。彼はほぼ二年間（彼の記憶が正しいとすれば の話だが）毎日朝から晩まで公園のベンチに座って過ごしていた。雨や雪が激しく降ってくると近くの公共図書館に避難し、夜には寛容な友だちの家のソファで寝た。その友だちがあまり寛容でないときは、公園の低木の茂みの中で野宿することも時折あった。しかし、どう考えても、その姿が誰かの目にとまったとは思えない。なぜなら、彼の存在など、他の人にとってはなきに等しいものだったからだ。彼自身も、そんな自分を特に気にしている様子もなかった。

数カ月前までのトールは、ロンドン北西部のベルサイズパークにあるワンルーム・アパートに独りで下宿していた。ロンドン大学の大学院課程を修了したばかりだったが、たえず自殺を考えるほど意気消沈していた。ある夜、ふだんにもまして強烈な絶望感に襲われていたとき、突然、身体の一部がポキッと折れたように感じたので、しばらく暗闇の中でベッドに横たわっていた。するど、神経がどんどん麻痺していき、そのうち、まるで地殻変動のまっただ中にいるような錯覚を覚え、襲い来る精神的恐怖に身体がぶるぶる震えた。それまでかろうじて保持してきた自意識（アイデンティティ）などすっかり消え失せてしまった、とトールは当時の思い出を語っている。そして後年になって「最初はゆっくりした動きでした。そのうち激しい恐怖が襲ってきて、身体が震えはじめました……まるで、真空の中へ吸い込まれていくように感じたのです。しかも、その真空というのはわたしの身体の内側に存在しているように思えたのです。すると、不思議なことに、何も恐ろしいものがなくなり、わたしは自ら真空の中へとび込んでいったのです。その後何が起こったか、まったく思い出せません。気を失ってしまったのです」と記述している。

翌日、目を覚ましたトールは、自分がもはやそれまでの自分ではないことに、直感的に気づいた。だが、実際に起こったことは、さらに厳しい苦痛を伴うものだった。それは、より根源的なもののように思えた。どうにも説明できない感覚だが、あえて言えば、それまで他人とはっきり一線を引いてきた自分自身の独自性（アイデンティティ）がまったく感じられなくなっていたのである。トールにとって、「自己」が行方不明になってしまったように思えたのである。代わりに、「深く途切れることのない平安と至福」の気持ちで胸が一杯になり、その気持ちはしばらくして少し薄れはしたものの、決して消えることはなかった。「動転したわたしは街中を歩きまわりました。人生半ばにして、まるで生まれたばかりの幼児のような気分だったのです」と、トールは書いている。

その後しばらくして、彼はワンルームの下宿を引き払った。個人的に何かをしたいという希望があった訳ではない。何の計画も立てずに、ただぶらっと出立し、ラッセル・スクウェアの公園ベンチに一日中座って毎日を過ごすことにしただけだ。そうすることに何の抵抗もなく、また、そうしてはいけないという自責の念もなかった。ただそうして過ごすだけで安らかな満足感に浸ることができたのである。

やがて時が経ち、ウルリッヒ・トールはエックハルト・トールと名前を変え、自らの体験を他人に語り、さらには本にも書き始めた。数年後には、テレビのトークショーなどで活躍するオプラ・ウィンフリーの強力な応援を得て、一躍スピリチュアルな作品のベストセラー作家にまでなった。そして、今日ではおそらくダライ・ラマを除いて世界的に最も有名な精神世界の指導者と言えるのではなかろうか。

しかしながら、トールのこのような劇的なデビューぶりには、首をかしげる人も少なからずいた。トールのいうスピリチュアルな変身がはたして本物なのか、疑問視する人もいた。しかし、トールは何と非難されようと、気にしなかった（もっとも、他に選択肢がなかったと言えるかもしれない。つまり「無限の平穏な世界に身を置いた」と世間に公言したトールにとって、その言葉を信じない者が現れるたびにいちいち目くじらを立てるわけにはいかなかったのではなかろうか）。

さて、このような人物を本書で取り上げるのがはたして適切なのだろうか、本書の主題である幸福への「ネガティブな道」にふさわしくないのではないか、と疑問に思う読者も多いだろう。実際のところ、トールの頭や心の本棚にはあの魔術的な内容の『ザ・シークレット』を始め「楽天主義教団」を代弁するポジティブ思考の本が雑然と並んでいるのである。「自己啓発」界のいかがわしい教祖たちと同根のオプラ・ウィンフリーのお墨付きを得たこと自体、何よりも歴然とした証拠ではないのか？　トールの最初のベストセラー『さとりをひらくと人生はシンプルで楽になる』（徳間書店）は、社交界の名士パリス・ヒルトンの愛読書で、彼女が二〇〇七年に四五日の実刑判決に服したときに腕にかかえていたというではないか。確かに幸福への「ネガティブな道」にふさわしくない。しかしながら、トールがあのベルサイズパークの下宿屋で何を体験したにしろ、それに端を発して修得した「自己」についての鋭い洞察と見識は、現代に生きるわれわれにとっても大きな関心事であることに変わりない。

自己をどう理解するか

本書ではこれまで、幸福や成功を得るためのさまざまな方法を探ってきたが、どうやら従来の手法では逆効果を招くことが多いようである。その根本理由は、幸福や成功を求めようとすると必ずその試みを阻害するものが現れるからである。だが、問題はもっと悩ましいところにあり、単に技術的に解決できることではないかもしれない。単に自らを変えるにはどうすればいいか、という方法論だけでなく、変えようとする自分自身の本質が誤解されている可能性もあるからである。このように**「自己」に焦点をあてて語ることや、その前提となる条件について疑問を投げかけること**は、従来の幸福探求の心理学にはなかったまったく新しい手法である。トールの著書『さとりをひらくと人生はシンプルで楽になる』は、従来の手法を捨てて、最初から「自己」についての疑問を表明しているのである。これは、まず第一章に、「思考は『ほんとうの自分』ではありません（You Are Not Your Mind）」という表題を付けていることでもわかる。その気があるなら、この点をよく考えてみることだ。

「自分自身」をどう理解するか？　一般的に言われている見解は鵜呑みにできない、見直す必要がある、と言ったのはエックハルト・トールが最初ではない。古代からさまざまな哲学者や宗教家たちの間でも取り上げられたテーマであり、そのときどきの中核思想ともなってきた。オルダス・ハクスリーたちが「永遠の哲学」と呼んだのもむべなるかな、と言える。したがって、トールは何も新しいことを言っているのではない。しかし、この「見直し」作業は、実際には古代の文献に深くうずもれて行われ、われわれの目にとまることはほとんどない。そこで、私はトールを訪問してみようと思い立ったのである。彼はこの点について直接体験したと公言しており、それがどんなものであったかを私に話してくれることになっていた。

トールについて私が想像していたのは、どこかの僧院に住み、手のこんだローブを身にまとい、熱心な信者に取り囲まれて、権力に陶酔している太った教祖さま、といったタイプの人物だった。ところが彼が実際に住んでいるのは、カナダのバンクーバーにあるビルの最上階の、多少狭いが気持ちの良いアパートで、私が訪れると自らドアを開けて、少し前かがみになって出迎えてくれた。六〇歳で、鳥のように軽快な雰囲気をかもしていた。着ているのは金色のローブではなく、びっくりするほど野暮ったいオレンジ色のシャツと茶色のスラックスだった。革張りの肘掛椅子を指さして私を座らせ、彼自身は向かい合ったソファに腰を下ろして私が話しかけるのをじっと待った。

トールと一緒にいるとすぐ分かるのは、会話が途切れがちになること、そしていったん途切れてから相手が話しだすまでの待ち時間がたっぷりあることだった。トールにとっては、ラッセル・スクウェアの公園ベンチに座っているときと変わらず、あえて自分から沈黙を破る必要などなかった。また、「早く前に進めよ」などと他人から圧力をかけられることもないので、彼はいつだって心地良さそうに見えた。居心地が良くなかったのは、私の方だった。とにかく、話を切り出すための気の利いた言葉が思い付かなかった。「ハウ・アー・ユー（ご機嫌いかがですか）」という挨拶でさえ、開口一番の言葉としては問題があった。なぜなら、「ユー（あなた）」という言葉、あるいはその意味するところが、これからの議論の主題に他ならなかったからだ。

自我ほど明瞭で基本的で否定しがたいものはめったにないだろう。あなたがどのように生きるべきか――すなわち、どうすれば幸せになれるのか、道徳的に正しく行動するにはどうすべきか、どのような人間関係を求めるべきか、どんな仕事をすべきか、などについて、たとえ不確かな答えしかみつからなくても、あなたは間違いなく「あなた」という簡単に識別できる単一体を想定しているはずである。このように想定することは、西洋哲学の歴史で最も有名だとされる一七世紀フランスの哲学者ルネ・デカルトの格言「コギト・エルゴ・スム（我思う故に我あり）」の発想基盤にも似ている。デカルトによると、この世の中に真に確信の持てる生き方などほとんど存在しないが、自分が自ら考えるところの自分自身であるという基本的な認識によって、我々は我々が我々自身であることを確信できるのである。

ここで、デカルトの主張をしっかり理解しておこう。まず、一匹の性悪な悪魔を想像してみる。そいつは、あなたにできるだけたくさんのいたずらをしてやろうと決心している――つまり、この悪魔は「この上なく強力で悪賢く、あなたを騙そうとして全力を傾けてくる」のである。さて、どこまでやれるか分からないが、とにかくあなたは、騙されないように気をつけねばならない。特に、自分の周囲で起こっていることはすべて五感を通してしか理解できないということを忘れないように、とデカルトは注意する。実際に触れ、見、聞き、嗅ぎ、味わわない限り、あなたは自分の身体の外側で何が起こっているのか、まったく知ることができない。しかし、そうして知り得た外部の世界も、実際にはその「ひとつひとつ」が性悪な悪魔がていねいにもっともらしくでっち上げた幻想かもしれないのだ。あなたの頭脳に映る「空や空気や土、それらの色や形や音、その他あらゆる外部の物事」のすべてが、性悪な悪魔があなたを騙そうとして仕掛けた幻想や罠でないと、どうして確信できるのか、とデカルトは問うのである。すると、あなたは答えるだろう。「そんな筋書きなど、起こりえない」と。しかし、デカルトには「起こりえるかどうか」は関心の対象ではなく、「方法的懐疑」として知られることになった哲学的手法を使って疑わしいことを順番にフィルターにかけ、最後に疑いようのない確かな知識だけを抽出しようとしたのだ。

デカルトの性悪な悪魔はさらに悪さを続ける。あなたの頭脳を騙すためにもっともらしい信号を送り続けて、結局はあなたの肉体があなた自身のものだと思わせてしまう。多分、あなたは悪魔の研究室の棚の上の壺に入れられた頭脳にすぎないのであって、実際の肉体は持っていないはずだ。いや、そうじゃないと、どうしてはっきり言える？　一九九九年の映画『マトリックス』

は決して偶然の作品ではない。つまり、この映画は本質的に一七世紀のデカルトの洞察を基にした二〇世紀の瞑想物語だと言える。哲学者クリストファ・グナウが言うように、映画『マトリックス』を観た人なら、自分の住んでいるのが仮想現実であることに気づき、この世は超人的知能が作りあげた複雑な芝居のようであるとの思いを嚙みしめたはずである。

このように、世の中のあらゆるものが欺瞞の様相を呈する中で、どうしても幻影とは思えないものが一つだけある、とデカルトは主張する。**それは、あなた自身がこれらの事象をすべて体験しているという事実である。**たとえば、文字通り周囲のすべての物がごまかしではないかと不安に思っている人も、そのようにごまかされているかもしれない「当人」だけはごまかしようのない存在であることに気づいているはずだ。悪魔といえども、そこまでごまかすことはできない。だから、「『我思う故に我あり』という命題は、自分の考えを正しく行動に移そうとする人なら誰に対しても訴えることのできる、最初にして最も確実な提言なのである」とデカルトは書いている。あなたには、他のたくさんのことを十分に理解する自信がなくても、あなたがあなたであることだけはよくわかっているはずだ。こうした自覚は決して幻影ではない——周囲の事象はひょっとして幻影かもしれないが、それらをじかに経験している主体はあなた自身なのだから。たとえ騙されるにしても、誰か騙される主体がなければならないのである。

だが、本当にそう言えるだろうか？　デカルトの理論の弱点に最初に注目したのが、デカルトと同時代のフランスの哲学者で僧侶のピエール・ガッサンディだった。彼は人生のかなりの部分を費やして、ヨーロッパのインテリ層に対し、当時の花形哲学者のデカルトの理論がはなはだしく誤っていることを分からせようと説いて回った（もっとも、その試みは大半が失敗に終わったが）。デカルトが用いた「方法的懐疑」という手法は、人間の体験を説明する上で不確定な前提条件をすべて排除するものだった。しかし、どうしても排除できない悪魔のような前提条件が一つだけ残った、とガッサンディは言う。それが「我思う故に我あり」という諺の裏に秘められたデカルトの考えであった。つまり、デカルトは、「我思う」という行為は特別な単一の思考主体である「自己」によってなされる、と考えていたのである。これに対し、ガッサンディは、デカルトの考えは単なる推論であって、「我思う」という思考行為と「自己」との因果関係を証明することはできない、と主張した。後日、ドイツの科学者ゲオルク・リヒテンベルクも、デカルトを批判して、「思考は生じる（我思う）」とは言えても「……故に我あり」とまで主張すべきでなかった、と述べている。

この隠された前提条件を最もいきいきと描写した人物がいる。それは一八世紀前半のスコットランドの偉大な哲学者デイヴィッド・ヒュームで、その著書の中で斬新な思考実験を提案している。それによると、デカルトの「方法的懐疑」など気にしなくてよい、その代わりに自分自身の内側へ注意を集中させなさい、というものだった。そうすることで、あなたが「自己」だと考えているものが何なのかを見つけなさい、と。しかし、ヒューム自身が認めているように、この試みは何度繰り返しても成功しなかったそうだ。彼が「自己」の代わりに見つけたのは、感情、感覚、思考が具体的に働くプロセスで、それら感情や感覚や思考を感じる主体の「自己」については ついにわからないままだった。

他人はどうであれ、わたしが「わたし自身」と呼んでいる存在の中へ自らをどっぷり浸らせるとき、必ず何か特別な知覚（感情・感覚・思考）に巡りあうのである。それは、熱かったり冷たかったり、明るかったり薄暗かったり、愛情であったり憎悪であったりといろいろであるが、いつも何らかの知覚が働くのである。何の知覚も感じない自分などはありえないのだ。また、そのような知覚以外には何も感じないのである。しかし、熟睡などして、何かの拍子にこの身体から知覚が抜け落ちることがあると、その間のわたしは無感覚になり、もはやこの世に存在していないのと同様の状態に陥るのである。（デイヴィッド・ヒューム著『An Enquiry Concerning Human Understanding』Barns and Noble, Ed.）

しかしながら、ヒュームは別にして、他の人たちはそれぞれにはっきりと識別できる「自己」を持っているのかもしれない——ひょっとして、ヒュームを除く世界中のすべての人々は、自分には「自己」があると信じているのかもしれない。この点についてはヒュームも譲歩せざるをえない。彼が直接自由に出入りできるのは自己の内面の世界に限られているので、他人の内面もそうだとは言い切れないからだ。つまり、反証のしようがないのである。だが、デイヴィッド・ヒュームはあえて言う。「思い切って断言してもいい。他の連中もみんなわたしと同じように、次々とすさまじい速さで入れ替わる大量の知覚の束や集まりでできているはずだ」と。

それでは、「自己」の正体は何なのか？　われわれが一般に想像するような「物体」とは違うのではないか？　現代の神経科学は、そのような疑念を裏付けてくれる。神経心理学者のポール・ブロクスのことばを借りると、「脳にはあらゆる物事を集めて処理するセンターのような場所」は存在しない、という。このことをうまく説明している例としては、「分離脳」患者を対象にした実験がある。患者は、脳の中にある左右の脳半球を結んでいる脳梁が分断された状態になっているが、心理学者のマイケル・ガザニガが示したように、「分離脳」患者は左右の脳半球がそれぞれ独立しているかのように振舞うのである。ある実験で、「歩け」という命令を右側の脳半球にだけ投射すると、患者は立ちあがって歩きはじめたが、後で「なぜ、歩いたのか？」という質問をすると、言語に責任を持つ左側の脳半球がすぐに反応して「コカ・コーラを飲むために」という納得のいく答えをしたそうだ。このように、それぞれの脳半球は別々の行動を起こすが、いずれも「自己」とおぼしきものに結びつけて考えたくなる形で行動するのである。そうすると、**「自己」というものが脳の中のどこか特定の場所に存在している、という考え自体が怪しくなってくる**のである。

しかしながら、哲学者ジュリアン・バギーニが指摘するように、だからと言って「自己は存在しない」ことにはならない。ちょうどわれわれが単純な単体ではなく複雑なものの集合体であるからと言って「実在しない」ことにはならないのと同じだ。ヒュームの言葉を使うと、「知覚の束」はあくまで実在する知覚の束なのである。このように、よく観察すれば見かけとはまったく異なる意味を持つ「自己」という用語や概念が、今まであまりよく考えずに使用されてきたという事実は否定できないのである。

エックハルト・トールは私を見て愛想よくまばたきした。

「お時間を割いていただいて、ありがとうございます」と、私は少しためらいがちに話し始めたが、すぐに後悔の念にかられた。というのは、もはや「時間」は意味のある体験対象でないとトールが主張していたのをすっかり忘れていたからだ。「時間はぜんぜん貴重ではありません。なぜなら、幻影にすぎないからです。現在、『今のこの瞬間』だけが現実なのです」と、トールは『さとりをひらくと人生はシンプルで楽になる』に書いている。

トールは私に向かって「とてもうれしいですよ」と答え、再度親しげにまばたきしてから、私が話すのをじっと待った。このように、微笑みながらまばたきをし、それからじっと待つというのがトールの癖だった。この一連の動作は、何年か前にテレビで見たことがある。それはオプラ・ウィンフリー・ショーだった。彼女のトーク番組でトールの著書が何冊か取り上げられ、トールは一〇週間続くオンライン・セミナー・ビデオ・シリーズに出演した。その間、トールは地球規模での意識を変革するスピリチュアル・リーダー（精神的指導者）として繰り返し紹介されていた。しかし、トールはもっぱら微笑みながらまばたきをするだけだった。放送ではあまり長時間沈黙を続けてはならない、という大切なルールがあるが、トールはこのルールをたびたび意図的に破って司会のウィンフリーを狼狽させていたようだ。

一瞬、私の頭の中で声がした——いまだに気の利いた質問を発せられない私を咎める声だった。この種の声は、誰でもストレスを感じているときによく起こるものだが、私はまさにそのストレスの真最中にあった。しかし、何とかして質問を口にすることができた私に対してトールが話題にしたのは、まさしくこの人間の内面の声についてだった。「われわれは、この種の声につきまとわれて人生を送らねばなりません」と、彼は語り始めた。この種の声というのは、まず周囲の状況を判断し解釈したことを伝え、それに対する感情的な反応を確定してから、おしゃべりを始める。あまりにも大声でひっきりなしにしゃべるので、最後にはわれわれ自身がおしゃべりと一体化してしまうのだ、という。

「ところで、ほとんどの人の幸福を妨げている最大の障害は何でしょうか？」という私の質問に対して、彼は「いま言ったように、**その人の頭をよぎる考え（声）とその人自身が完全に一体化してしまうこと**ですよ」と言った。「それは、完全に意識が欠落した状態になることを意味します。その人の心は絶え間なく通り過ぎる考え（声）で一杯になります。つまり、その人は頭の中でおしゃべりを続ける声と完全に一体化してしまうのです」。そこで、トールはゲルマン風の含み笑いをしながら言った。「つまり、頭の中の声が自分自身であるかのように思い込んでしまうのです」

トールはその著書『ニュー・アース——意識が変わる　世界が変わる』（サンマーク出版）で、一見とるに足らない出来事を実に詳しく説明している箇所がある。彼がベルサイズパークのワンルーム下宿で夜中に恐ろしい体験をする数カ月前に起こったことである。その出来事によって、彼は自分自身が自分の考えていることといかに緊密に一体化しているかを初めて実感することとなったのである。

当時、トールは毎朝、ラッシュアワー直後の地下鉄でロンドン大学の中央図書館に通っていた。

あるとき地下鉄で、三〇代はじめとおぼしき女性が向かいに座った。それまでも数回、見かけたことがある女性だった。誰もがその女性には気づいたはずだ。地下鉄は満員だったのに彼女の両隣には誰も座らない。理由は、彼女がどうも正気には見えなかったからだ。何やらいきりたって不機嫌な声を張り上げ、休みなく独り言を言っている。自分の頭のなかの考えに夢中で、まわりの人々にもまったく気づいていないらしい。左斜め下に目をやって、空っぽの隣席の誰かに話しかけているかに見えた。独り言の正確な内容は覚えていないが、こんな調子だった。「そうしたら彼女が私に言ったの……だから、嘘つき、よく私が悪いなんて言えるわねって言い返したわよ……いつだって私を利用するのはあなたじゃないの、私は信用していたのに、あなたはその信用を裏切ったんじゃない……」

その女性はトールと同じ駅で電車を降りた。好奇心から彼女の後について歩いていたトールは、やがて彼女も大学の中央図書館に向かっていることに気づいた。だが、それはトールにとって迷惑なことだった。彼は大望と情熱に燃える若い大学院生で、学術研究を人間活動の頂点と考えており、彼の通うロンドン大学などは教養のある上流階級や意欲的な知識階級の集まる本拠地と考えていたからだ。トールは、そのときあれこれ思いめぐらしていた。「どうして、彼女がこんなところに来るのだろうか？」

図書館に行く前にトイレに入ったときも考え込んでいた。手を洗いながら、あんなふうになったらおしまいだよな、と思った。すると隣にいた男性がちらっとこちらを見た。私は思っただけでなく、口に出していたことに気づいて愕然とした。なんてことだ、もうすでに同じだ。

最初にこれを読んだとき、私は思わず身をよじらせた。というのは、私自身がロンドン地下鉄で大声を出してストア哲学の実践訓練をしたことを想い出したからだ。当時、私のもくろみは、私がはたして「きまり悪さ」に耐えられるのか、また他の人たちが私を精神疾患と見なすだろうという思いに耐えられるか、などを実験することだった。トールの場合、この点をさらに徹底させて、精神疾患の人と残りの人たちとを区分するのは極めて細い線にすぎないことを示している。大体において、頭の中でする精神的なおしゃべりを外部の人に聞かれないように管理しているか否かだけである。

その人が内面のおしゃべりと一体になったとき、つまり、おしゃべりがその人自身であるかのように感じるとき、その人の思考は強迫性を帯びてくる、とトールは言う。つまり、強迫的思考になるのである。このような思考はずっと休みなく継続し、瞬時も休憩しようとしない。まるで、思考することと、人間として生存し続けることとが一体化したようになる。「思考はもはや止めることができない――このことは大変な苦痛である」とトールは書いている。「しかし、このことに誰も気づいていない。ほとんどの人が同じ苦痛を味わっているので、当たり前のことと思われているからだ」。このような思考に自分自身を合わせることによって構築される自己意識は、トールの言う「エゴ」に他ならない（ただし、この用語の使い方は思想家によってまちまちだが）。そして、当然のことながら、エゴのために生きることは決して幸せにつながらないのである。

なぜエゴは幸福をもたらさないのか？　ここでのトールの主張にはストア哲学の影響がみられる。すなわち、われわれが抱く世界観は自らに苦悩を強いる原因となっている、というストア哲学の考えだ。トールはこの考えをさらに進めて、これらの世界観はもとより他の思考も含めて、すべての思考が今ある（と思っている）自分たちそのものと化しているのである、と言っている。**つまり、われわれは思考に苦しめられているだけではなく、われわれ自身がそれらすべての思考と一体であると思い込んでいるのである。**このような一体感からエゴが生まれる。エゴは、独自の生命力を持って現在の瞬間瞬間と摩擦を起こしながらさまざまな不平不満の中を生き延びていく。今現在起こっていることにことごとく反発し、たえず将来に向けて突出しようとするので、幸福はいつも先送りされるのである。トールの好きな表現で言えば、エゴは「ドラマ」の中で成長する。エゴは自分をドラマチックな物語の中に置きたがり、その中で思考は増殖していく。ドラマには「強迫思考」が根深く付け込む余地があるからだ。また、エゴは「未来志向」にも強い。なぜなら、今現在のことを考えるより未来に向けて思考する方がはるかにたやすいからだ。以上述べたことが正しいとすれば、われわれは知らず知らずのうちに、自分自身に「不幸の罰」を宣告していることになる。**われわれが生存の中核とみなして大切にしているエゴは、実は、われわれの不平不満を糧にして生きているのである。**

思考の目撃証人になる

では、この罠から抜け出すには、思考を止めればいいのかというと、そうではない。思考行為がきわめて有意義なことは、トールも認めている。思考を続けながらも、その思考から自分を切り離すこと、つまり、「**思考を本当の自分とみなす**」**のをやめればいい**のである。『さとりをひらくと人生はシンプルで楽になる』から引用すれば、「思考は『ほんとうの自分』ではありません」ということになる。さらに、トールは言う――まず、日常生活において、今までのように思考に利用されるのではなく、思考を道具として普通に使いこなすことから始めるべきです、と。かつてデカルトが「我思う故に我あり」と言ったのは、この究極の真実を見落としていたためにおかした初歩的な誤りだった、とトールは主張する。

このように一体化していた思考から自分を切り離すという劇的な体験をトールが味わったのは、

あのベルサイズパークのワンルーム下宿のベッドの上だった。当時、彼は言語学と歴史学における第一級の修士号をとって大学院を修了したばかりで、博士号を目指して準備しているところだった。「良い成績で修了できたよ。だって、不十分な成績で終わるのが怖くて猛勉強したんだもの」と、当時を思い出して言った。いずれは知識人階級の一員になるつもりでいたトールは、「人間の存在にかかわる難問はすべて知性をとおして、つまり『思考』をとおして解決できる」と考えていた。しかし、現実には、いくら知的仕事に没頭しても幸せな気分になれなかった。やればやるほど気分は滅入るばかりだった。「わたしは、ほとんど休みない不安の中で生活していた」と書いている。不安はゆっくりと、しかし徐々にスピードを上げながら度合いを高めていった。何かが起こりそうだった。そして遂に、あの夜、二九歳の誕生日の直後に起こったのだ。

わたしが二九歳になって間もない、ある晩のことでした。夜中に目を覚ますとわたしに［絶望のどん底だ］という思いが、おそいかかってきました。こんな気持ちになることは、当時のわたしにとって、珍しいことではありませんでしたが、この時ばかりは、ふだんにもましてその絶望感は強烈でした。
死んだようにしずまりかえった夜に、暗闇の中で、ぼんやりとうかびあがる家具の輪郭、遠くからかすかに聞こえてくる、汽車の音……なにもかもが不自然で、氷のように冷たく感じられました。そして、あらゆるものの存在が、無意味なことのように思われました。この世のすべてを、呪ってやりたいほどでした。

しかも、このわたし自身こそが、もっとも無価値な存在のように感じていました。「こんな悲惨な人生を歩むことに、いったいなんの意味があるというのか？　どうして、これほど苦しみながら、生きていかなければならないのか？」

わたしの中にある「生きよう」という本能は、「もう存在したくない、いっそのこと消えてしまえたらいいのに」、という悲痛な願いに押しつぶされていたのです。わたしの頭の中を、「こんな自分と生きていくなんて、まっぴらごめんだ！」という思いが、ぐるぐると回っていました。

「こんな自分はまっぴらごめんだ」というのは陳腐な決まり文句だ。だが、トールはハタと考え込んだ。「もし、わたしが自分自身に我慢できないのなら、もう一人の自分自身がいてもおかしくないではないか。きっと、二人の自分自身が存在しているにちがいない。つまり、『わたし』と『我慢できないわたし＝自己』の二人である。多分、この二人のうちのどちらかが本物のわたし自身だろう。そう思い付いたとき、わたしはがくぜんとした。まるで思考が止まったようだった。意識はあったが、思考は働かなくなっていた」。トールがこれに気づいたとき、すでに朝になっていた。その朝、彼はとめどなく続く深くやすらかな至福に満ちたりた気分で時間を過ごしたのである。

一体、トールに何が起こったというのか？　トールの説明によれば、自分と自分の思考が同一だ、などという誤った考えが消え去り、代わりに、自分自身は思考の目撃証人であると考えることができるようになったのだ。これは、自分の思考を客観的に観察してやろうと意識するだけで、誰にでも簡単にできる体験である、とも言う。たとえば、ネズミの穴の前で待ちかまえる猫のように、あなたの頭脳に次にどんな思考が現れるのか、その成り行きをじっと見守るだけでいいのだ。

トールは言う。「新しい思考が見えてきたら、あなたはその思考に気づいただけでなく、あなた自身がその目撃証人になったことをも意味するのです。つまり、あなたに新たな次元の『意識』が生まれたのです。思考の動きをじっと観察してやろう、という一つの意識が働くのを感じるのです。それは、あなたのより深いところにある『自己』であり、言ってみれば、思考の後ろ側または下側に潜んでいる本当の自己なのです。そして、あなたにじっと観察されている思考は今まであなたを支配していたパワーを失い、急速に弱まっていきます。なぜなら、あなたはもはや頭脳を使って自分と思考とを一体化しようとしないからです。これが**無意識に起こる強迫的な思考行為を終わらせる第一歩**なのです」

しかしながら、思考の後ろ側あるいは下側にかくれている何ものかが作用して思考が一時的に止まるという経験は、誰もが日常的にしていることでもある。たとえば、ハッと息をのむような美しい景色を見たときや、激しい肉体運動をしたあとや、愛の営みをしているときなどである。問題は、これらが一時的であることだ。このように思考を抑える作用が一時的ではなく、ずっと（思考の続いている間も）思考に対して働き続けるかどうかが課題なのである。

この点についてのトールの見解は巧妙すぎて納得できない、という懐疑的な人たちがいる。トールが想定しているのは、人はエゴとの一体化を止めたとき本当の自己を発見することができる、つまり、みせかけの自分の姿の裏に隠れている「より深い自己（deeper self）」あるいは「真の大いなる存在（true Being）」を発見することができるということだが、これでは、他の哲学者たちを説得できない。なぜなら、トールのいう「自己」がどんなものか、明らかにしていないからだ。ひょっとして、ヒュームが言うように「知覚の束」にすぎないのかもしれない。しかし、今のところは、次のように自問してみるだけで十分である――**自分の思考に自分を合わせるより、自分の思考の目撃証人になろうとする方が心に平穏をもたらす**のではないか、と。

楽天主義をベースに、目標をさだめ、ポジティブ思考で幸福を追求する――このような生き方はまさにエゴがもっとも好むところである。ポジティブ思考をする人にとって何よりも重要なのは、自分を思考と一体化することであって、自分を思考から切り離そうなどとは考えもしない。そして、「楽天主義カルト」の人々は、何を置いてもまずは幸福で上首尾な将来を夢見る。つまり、「幸福とは今ではなく将来必ずやってくるものだ」との思いを強めていくのである。幸福が生存しうる唯一の場所は「今、この瞬間」でしかないのに、**楽天主義者はたえず現在に不満を持ち、将来に向けて何らかの改善をしようとする。そして考え出された計画や構想は、この不満をさらに焚きつけるのである。**

「もっとも大切なことは、『今』から離れないこと、将来に気をとられないこと、自らの道に迷わないことです」と、トールは言う。「しかし、ほとんどの人は『今』の中にじっとしておれないのです。なぜなら、次の瞬間の方が今この瞬間より大切だと、無意識のうちに信じているからです。でも、そうすることであなたは人生のすべてを見失うのです」。ここでトールはもう一度クックックッと歯切れよく笑った。「ある人はまるで啓示を受けたように悟るのです――『わたしの全人生は今この瞬間にあるのだ』、と。でも、多くの人たちはこの真実に気づかず、反対のことが真実であると思い込んで人生の大半を過ごすのです」。トールの言うとおり、われわれは、今現在していることにろくろく注意を払わず、もっぱら将来に目を向け、将来を現在より価値あるものとして扱っているのだ。将来はいつまで待っても現在にならないというのに！

将来の問題を解決しようと努める代わりに、「今現在抱えている問題は何か？」と自分自身に問いただしてみるのは、きわめて賢明な方法である。身体的な痛みがない限り、答えはおそらく「ノー」だろう。やっかいな問題は、ほとんどの場合、将来か過去にかかわっている。将来何か悪くなるのではないか（たとえ、それが五分後であろうと、五年後であろうと）心配したり、過去に起こったさまざまなことを悔恨の念で想い出したりするのが原因である。では、今現在はどうなんだ？　この瞬間に自分を苦しめているのはどんな問題か？　奇妙なことに、これを見きわめることは非常に難しい。しかも、いつの時点であれ、今のこの瞬間が続いているのである。

そこで、「自尊心」という悩ましいテーマをとりあげてみよう。一般には、高い自尊心を持つことは良いことだと思われているが、何人かの心理学者はこの考え方にはどこか間違いがあるのではないか、と疑っていた。というのは、単一の、容易に識別できる「自己」を前提にしているところに問題があると考えたからだ。実際、このような単純な「**自己**」**に最初から高い評価を与えることは非常に危険なことである。なぜかというと、そうすることで、本人が自己評価のゲームにどっぷりと浸かっていくからである。**自分には何らかの格付けを受ける資格があると暗黙裏《あんもくり》に考えてしまうのである。つまり、自尊心を持つのである。しかし、それは誤りの元である。たとえば、あなたが自分自身を高く評価したとする。だが、いずれはあなた自身で自分を低く評価し直さねばならない時がくるからだ。人間はそもそも良い面も悪い面も持っているのであって、それを無理やり一般概念化することは本末転倒と言わざるをえない。誰しも、強みと弱みの両面を持っており、上手に振舞うこともあれば、下手に振舞うこともある。さまざまな面で微妙な差異を有する「自己」を自尊心で包括してしまうのは、結局は、その人に精神的な苦悩をもたらすことになるのである。「自己」を一般概念化するのは止めた方がいい。どうしてもしたいなら、個別の行動に優劣を付け、優れた行為をなるべく多く、劣った行為をなるべく少なくするように心がければいい。

「自尊心」と同一線上で自己を考える場合、その対極にあって無視できないのが「無私（無欲）」という考えだろう。自分自身に焦点をあてるよりも、他人を助ける方が、幸福な気分になるための有効な戦略であることは、個人的な経験はもちろん、歴史のある心理学的研究でも証明されている。ただし、混同されやすいのは「無我（夢中）」という状態である。これは、同じく幸福を求める策ではあるが、ポジティブ思考が勧めるもので「無私（無欲）」とは異質の概念である。

仮にあなたが、自己満足のために、一週間に一度のボランティア活動をするとする。そんな場合の心境は完全に「無私（無欲）」といえるのか？　本当の「無私（無欲）」の状態になるには、自己犠牲などの方法で自分を何がしか「悲惨な状態」に置かねばならないというのか？　疑問は次から次へとわいてくる。これらの疑問に答えるには、単に利己的な行為を止めればいいというものではない。むしろ、本来の「自己」とは何かという問題に立ち返って考えてみなければならないのである。

利己的であるかないかは、つまるところエゴの問題である。エゴは不平不満を糧に増長していくものだ。それには、自分自身にこだわるのを止めねばならない、とトールは言う。そうすれば、エゴに惑わされることなく、あなた自身の幸せ、そして他の人たちの幸せをも開拓できるのだ。

あなたとあなた以外の境界は何か

以上いろいろ述べたが、十分に共感できない読者もいるだろう。そこで、別の角度から「自己」ないしは「自分自身」についての考え方を示してみよう。「スピリチュアルエンタテイナー」と自称するアラン・ワッツの作品における「思考実験（thought experiment）」を応用した形で説明しようと思う。あご鬚をはやし声量豊かな英国生まれのワッツは、一九七三年に死ぬまで米国の西海岸に居を構えていた。生涯を通してこれといった洞察力を発揮したわけではないが、東洋の哲学を西洋の人たちに普及させることに尽力した人物である。今日のプロの哲学者たちの間では、哲学者としての評価は低いが、彼の洞察はニューエイジ調でも疑似科学的でもなく、とにかく厳格で合理的な思考に頼っているのである。それだけに、驚くほど面白い方法であなたの心をとらえると思う。

手始めに、実に単刀直入な質問をしてみる。「あなたとあなた以外とを区別する境界は何だと思いますか?」。ほとんどの人は自分たちを「皮の包装体」と思っているので、「わたしの境界を規定するのはわたしの肉体を包んでいる皮膚である」と答えるだろう、とワッツは言う。

ここですぐ気づく問題は、「わたし」という言葉である。われわれは「わたし」を肉体とは違う定義で使うことがあるからだ。つまり、頭の中に存在する何かを指す場合で、この場合、頭以外の肉体の部分は「わたし」ではないことになる。仮にあなたの足を切断しなければならなくなったとする。あなたは『自分自身』が小さくなると考えるだろうか?(おそらく、そうは考えないだろう。だが、あなたの頭が切断されるとなると、事情はまったく違ったものになる)。そこで、同じように肉体を指す場合でも、二つの競合する定義が並立することになる。しかし、とりあえずは「皮の包装体」という定義にこだわって話を進めよう。

仮に、超強力なマイクロスコープを使って左の掌の一部にズームインすることとしよう。とにかく、人差し指の小さな部分とそれを取りまく空気のわずかな部分しか見えなくなるまでズームインしてみる。十分に拡大されたところで、あなたがマイクロスコープをとおして見ることのできるのは、ぶつかり合って不快な音をだしている分子の群れでしかないのだ。そこで次に湧いてくる疑問は(というより、何度も繰り返された同じ疑問だが)、これら分子群の一部分と他の部分とを分けて、その間にどのように境界線を引くか、つまり、それら分子群の一部を「あなた」

と規定し、他の分子群を外部世界と規定するのか、という問題である。しかし、この拡大作業で分かるように、われわれが目にするのは、詰まるところ、すべてが分子であり、その一部を区別して「あなた」の分身だと規定することなどできないのである。

しかし、ここでふと思い付くのは、意識をコントロールすることによって分子の仕分けをすることができるのではないか、ということだ。たとえば、人差し指を動かすことで、「あなた」の分身である分子群と外部の世界の分子群とを見分けることができるのではないか、ということだ。これは多分、皮膚を境界にして、片側が意識でコントロール可能な部分であり、他方をコントロール不能の部分とする考えに拠るものだろう。しかし、この点に関してワッツはすでに十分な反論を準備している。まず、彼は次のように問いかける。呼吸をするとき、本当に意識のコントロールを働かせているか？　血液を血管に流すために、心臓のポンプを積極的に意識して動かしているのか？　あるいは、ウイルス感染に抵抗する抗体を発するときはどうなのか？　これらは、あなたの意識とは関係なしに動くのである。しかも、私が「インサイト瞑想センター」で敏感に感じ得たように、思考すること自体が思っているほど自発的（意識的）ではないのである。大抵の場合、思考は偶然に起こるのである。

まったくその通りだ、とあなたは言うかもしれない。おそらく、私は「『意識』によるコントロール」という表現を使うべきではなかったように思う。明らかに、『無意識』によるコントロールもまた、その一部で不可分だからだ。意識的であれ、無意識であれ、私は私の皮膚の内側のすべてをコントロールしている。そして、皮膚の外側の物はコントロールしていない、というが、これも正しくない。適切な工具を使ってあなたは自分の裏庭にプールを作ることができるし、説得力を駆使して何億もの人々を動かし独裁者を追放することもできる。それはまったく別の話だ、と言う人もいるかもしれない。それは間接的なコントロール形式であって、自分の身体に及ぼすコントロールはもっと直接的である、と主張するかもしれない。だがワッツは、このような反論で議論を終わらせるつもりはない。なぜなら、これらの議論はいわゆる循環論法に陥るからである。結局、「直接コントロール」と「間接コントロール」の違いは、「あなた自身」と外部の世界との間のどこに境界線を引くかによって決まるのである。そして、従来われわれが慣習的に行ってきた線引きの方法が本当に正当な理由に基づいたものであったかどうか、このことが今まさに問われているのである。

自己というフィクション

こうして、今や明らかになってきたのは、われわれが置かれている立場がきわめて落ち着かないことである。「あなた」と「あなた以外」との間に線を引く基準がどのような形で示されようとも、必ず何らかの反論が出て、あなたは少なくとも疑念の幕におおわれてしまうからである。ワッツによると、自分の主張の方向性が分からなくなるのが、この地点である。

議論は次のように展開する。どこに境界線を引こうと——たとえ、それが納得できる場所だとしても——通常の意味では、本当に線を引くことにはならない。なぜなら（さあ、本論が始まるぞ）、境界線には二つの性質があり、そのいずれを採るかで境界線についての考え方が変わってくるからだ。まず、境界線を二つのものを分け隔てる線として捉えると、あまり大した意味を持たない。しかし、**境界線を二つのものが出会う場所として捉える**と、より大きな意味を持ってくる。もっと正確に言うと、二つのものがまったく同じものになる場所である。境界線の内側が存在できるのはその外側が存在しているからであり、逆もまた然りである。両者は全体の一部として本質的に密接にかかわりあっている。谷間のない波に頂点はないし、光のないところに闇は存在しないのである。

この洞察は古代中国の陰陽思想に見られるものであるが、そうかと言って宗教的でもスピリチュアルでもない。ワッツに言わせれば、厳密に考察した結果にすぎない。つまり、**「あなた以外」のものが存在しないところに「あなた」は存在し得ない。いかなるものも他のものから孤立した形では考えられない**、ということだ。ただ、「われわれは皆同じ」というあいまいで退屈な意味で言っているのではない。これは抽象的なものから具体的な事象に至るまですべてのレベルに適用される真実なのである。そう、だから周囲の人々や社会と関係を持たないあなたはあなたではない、と言える。また、あなた以外の何ものも世の中に存在しないとすれば、あなた自身も存在しないことになる。

われわれは、この明白な真実を悟ることなく人生を送っている。ひたすらに自らの境界線を明確にしてエゴを強化し、自分と他人との差別化に力を注いでいるのである。自分の真の姿は周囲のものとの相互依存によって初めて理解できるにもかかわらず、もっぱら自分を世間や社会から切り離して考えている。ワッツは次のように書いている。「実に、人間の根底にある究極のミステリー、つまり心のもっとも深いところにある形而上学的神秘を理解する上で知らねばならないのはただ一つ、『すべての内側には外側があり、すべての外側には内側がある。両者は異なる物質であるが両立している』ということである」

大切なのは「両者は異なる物質である」ということだ。ここで述べられているのは、「境界線は存在しない」ということではない。世界を「溶けかかったアイスクリームのような何か大きな、境界線のないもの」とみなすことが世界を理解するための「本当の」方法だと言っているのではない。「あなた」と「あなた以外」は本質的に相互に繋がっているが、だからといって「あなた」が存在しないことにはならない。われわれが健全な精神を保つには、一人ひとりが明解な自己を一貫して維持し、自分と自分以外との間に健全な境界線を引かねばならない、と言っているのだ。アラン・ワッツにしても、エックハルト・トールにしても、あなたの健全な精神を危険にさらそうなどとはさらさら思っていない。そこでこの二人が考え出した結論は、「**自己というのは、せいぜいのところ、ある種のフィクションと考えていい**（もっとも、非常に役に立つフィクションではあるが）。そのように理解する方が、そんなことはないと考えていろいろ具体的に行動してみるよりも、結局は納得できる結果が得られる」というものだ。

エックハルト・トールの物静かな対応ぶりは、相手の頭の中の疑念をすべて焼き尽くしてしまうように見える、とコメントする人がいた。私も、まさに同じ体験をしたのである。トールの身体からは、容易に感知できる静けさがにじみ出ており、バンクーバーの小さなアパートの隅々まで浸透しているように思えた。自分で認めたくはないが、午後のインタビューの終わるころには、その静けさは遂に私の身体の中にまで深くしみ込んでいたのである。初めのうちは非常にぎこちなく感じた沈黙も、だんだん耐えられるようになり、やがては楽しめるまでになった。というのは、当初は沈黙時間を埋めるために何か話をしなければ、と思っていた衝動が時間と共に弱まっていったからだ。トールは何秒もの間、目をパチパチさせながら微笑むのだった。そして私も、いつの間にか気持ち良さそうに微笑み返すようになっていた。

それでも、トールの精神生活が果たして自ら言うほど静かなものだったのか、私にはにわかに信じられなかった。最近、いらいらしたことはなかったのか？　もしあったなら、それはいつごろだったのかと問うてみたところ、彼はしばらく間を置いて答えた。「最後にいらいらしたのはいつだったか、覚えていませんよ。多分、それは今朝早くだったか？　昨日だったか？　数カ月前にはこんなことがありました。わたしが外を歩いていたときのことでした。一匹の大きな犬がいましてね。飼い主の手を離れて、小さな犬をいじめていました。それを見たとき、わたしは思わずいら立ちを覚えたのです。でも、それもほんの一瞬のことで、長く意識に残ることはありませんでした」

『さとりをひらくと人生はシンプルで楽になる』の中で、トールは自宅近くの池でカモの群れが争っているのを見たときのことを書いている。激しい争いが始まったが、それも間もなく終わり、カモたちは対決の記憶を振り払うかのように翼をバタバタさせて羽を逆立てた。そして、再び水面をおだやかに泳いでいった。どのカモも心に恨みなど抱いていないようだった。しかし、人間はエゴがあるために、どうしても恨みを抱いてしまうのである。まったく、そのとおりで、トールが全盛期のころ、人間の心に滞る怒りや憤りによって世界はさまざまに悩まされていたが、その原因で人間のエゴへのこだわりに由来しないものは何一つなかったのである。戦争、専制政治、あらゆる種類の不正……わずかしか表面に現れていないが、水面下では不安定なエゴが自らを補強しようとさかんに動いているのだ。つまり、**自分の周囲の境界線を強化し、自分たちを周囲から切り離し、自分たちの生存に不可欠な思考パターンを残りの世界に押しつけようとしているのだった。**

最後にトールに別れを告げようと腰を上げたとき、私は一瞬ためらった。どうしたことか、トールと握手するのがあまりにも他人行儀に思えたからだ。そのときトールは、つかつかと私の前に近づき、私を強く抱擁してくれた。一階に下り、タクシーを呼んだ。タクシーを待つ間、建物の外側に置かれた錬鉄製ベンチに腰をかけたが、奇妙なことに頭がボーッとしてとても安らかな気分を味わっていたのである。暮れなずむ夕陽の中、何もすることなくベンチに腰をかけ、このまま数時間すごしても悪くないな、という気になったのである。だが、それは許されないことだった。私――それが何を意味しようと――は帰路の飛行機に間に合うように空港へ行かねばならなかったからだ。

第 6 章

この世は安心劇場

——「不安」の意外なメリット

私は思う、安全や安心は一種の死であると。

——テネシー・ウィリアムズ著『The Catastrophy of Success』より

九・一一のテロ事件以来、神経の張りつめる日々が何カ月も続いた。そんなある日、エルウッド・メニアという名前の四六歳のパイロット(ウッディと呼ばれていた)がフィラデルフィアの国際空港にやってきた。彼はユーエス・エアウェイズの国内定期便をミネアポリスまで操縦することになっていた。ところが、誰も予想していなかったことが起こった。その週末の新聞の大見出しに彼の名前がでかでかと載り、彼は一躍、時の人になったのである。なお、その記事を読んだブッシュ大統領が、思わずプレッツェルを喉につまらせた、という余談まであるそうだ。

フィラデルフィア空港での手荷物検査は、アメリカ国内はもちろん、全世界の空港と歩調を合わせて日を追って厳しくなっていった。一カ月ほど前のこと、リチャード・リードという「靴爆弾」未遂犯がパリからマイアミに向かっていた飛行機の中で取り押さえられるという事件が起きた。これがきっかけとなって、新たに旅行者全員の靴の検査が義務付けられた。パイロットといえども例外扱いされなかった。ウッディ・メニアに順番が回ってきたとき、検査官はメニアの手荷物の中のピンセットに異常な関心を示した。コルクの栓抜きや金属ハサミなどは持ち込み禁止リストに含まれているが、ピンセットはリストになかったのでメニアが規則違反をしたわけではない。だが、検査官がいたずらに時間をかけて検査したため、メニアのフラストレーションに火が点いた。メニアは、他のパイロットも同様だが、新たに手荷物規制が設けられる度にイライラを募らせていたのだ。今回のチェックが厳しすぎたのも事実だったし、メニアが怒りにまかせて激情を爆発させたわけでもなかった。単に皮肉な調子でちょっと質問しただけだった。だが、その質問のために彼は直ちに逮捕され、一晩拘置所に入れられる羽目になったのだ。嫌疑は「テロの脅迫をした」というものだった。さらには、ユーエス・エアウェイズでの執務もできなくなり、無罪放免され仕事に戻ることが許されるまでに何カ月も裁判所での論争を経なければならなかった。「どうしてそんなにピンセットが気になるのですか？　そうでなくても、この飛行機など簡単に爆破できるというのに！」と質問したのだった。

確かに、時と場所をわきまえない愚かな発言だったかもしれない。しかし、よく考えてみると、その言わんとしていることは決して愚かなことではなかった。その後、航空安全規制は年ごとに複雑さを増し、遂に二〇〇六年にはヨーロッパで、わずかな量の場合を除きすべての液体の手荷物持ち込みが禁止されることになった。それにつれて、この種の規制強化を批判する声も高まっていった。そもそも安全政策全体の背景にある考え方に間違いがあるのではないか、というのである。もちろん、銃器や武器の類を飛行機の客室に持ち込ませないというのは意味のあることだ。しかし、これは昔からずっと行われていた規制で、今に始まったものではない。今回のように、これに加えて新しい規制をどんどん追加するとなると、何百万もの罪のない一般乗客に計り知れない不便を強いるのは間違いない。しかも、命がけのハイジャック犯人が仕掛ける危険を排除する効果はほとんど期待できないのである。九・一一事件で分かったことは、軽量の「ボックス・カッター」ナイフでも簡単にテロの新型武器になり得る、といった類のことではない。そうではなくて、自爆する覚悟のできたテロリストたちは、われわれのように死ぬことを望まない一般の人々よりはるかに優位な立場にある、という事実である。当局が何を禁止物に指定しようとも、事態改善につながらないのである。

九・一一後の当局のやり方に激しく反発している一人に、安全問題の専門家のアメリカ人ブルース・シュナイアーがいる。彼は言う。今日ではいろいろな新手法が編み出され、誰でも簡単に飛行機をハイジャックしたり爆破したりできる、と。そして、そのいくつかの方法を自らの責任で発表して一躍有名になったのである（もっとも、これによって若干の敵も作ったが）。たとえば、絞首刑に使われた首環は釣り糸や糸ようじから簡単に作ることができるし、車輪付きキャリーバッグのハンドルをポキッと折ると「とても鋭利な槍」になる。あるいは、金物店でエポキシ接着剤を買うとする。具体的には、鉄粉と硬化剤が別々に入っているチューブを一本ずつ手に入れ、飛行機の中で混ぜ合わせると太くて短い刃物に成形できる。そのとき、金属製ティースプーンを柄に使えばいい。ちなみに、エポキシ接着剤もティースプーンも機内持ち込み禁止の対象品目に指定されていない（アメリカではスキー用手袋までもが禁止されているにもかかわらず）。シュナイアーが言いたいのは車輪付きキャリーバッグや糸ようじをすぐにでも持ち込み禁止リストに追加すべきだということではない。彼が言いたいのは、すべての品目を機内持ち込み禁止にしないかぎり、テロリストが考えつきそうな品目、あるいはそう思われる品目をいちいち機内持ち込み禁止にしたところで、飛行機旅行を画期的に安全にすることができないということである。また、テロリストはたとえ手に武器がなくてもいつでも自分の両手を自由に使うことができることを考えると、安全のためには乗客全員を強制的に座席に座ったままにさせるしか方法がないことになる。九・一一の悪夢からそれほど経っていないある日、こんな悲劇が二度と起こらないようにする方策はあるか、と記者がシュナイアーに尋ねたところ、「ありますとも、すべての飛行機を飛行禁止にすればいいのです」と答えたという。

シュナイアーが私に語ったところによると、九・一一以来の航空安全に貢献したことが二つある。一つはコックピット（操縦室）の扉に鍵をかけたこと、もう一つは乗客にテロリストへの反撃の必要性を指導したことだという。「三番目に、航空警察官の制度を挙げる人もいます。しかし、実際には、航空警察官が搭乗している旨を乗客に告げるだけで十分な効果をあげることができます。本当に搭乗させる必要はありません。これなどは、テロ防止に貢献したのは航空警察官制度という創意であって、現実の航空警察官ではなかった例です」

「安心」と「安全」は異なる

もしシュナイアーの言うとおりなら、なぜ政府は時間と費用のかかる規制をあえて課し続けるのだろうか？　いつも後手に回りながら、なぜテロリストとのいたちごっこを止めないのか？考えられる答えはたくさんあるが、つまるところ、政治家や当局者たちが選挙民や納税者たちを意識し、自分たちが何か大切なことをしていることを示し、印象付けねばならないというプレッシャーを感じているからに他ならない。しかし、より根源的な理由は「安心」を求める人間の基本的欲求にある、とシュナイアーは言う。もっとも、この**安心というのは自分が安全であると思うことであって、実際に安全であることとは別物なのだ。**安心することと安全であることとはせいぜいのところ間接的な関係にしかなく、シュナイアーはこれに「安心劇場」という名前を付けた。つまり、実際の安全の度合いを高めるのではなく、より安全であると感じさせることに主眼を置いて考えだされたさまざまな方策を指しているのである。したがって、安心劇場が本当の安全をもたらすものでないことは明らかである。しかも、人々を安心させるどころか、反対の効果をもたらすことが多い、と指摘する人も少なくない（シュナイアー自身を含めて）。たとえば、情報収集などの本来ならもっと有効なテロ対策に使われるはずの資源が無駄に費やされ、旅客や警備職員たちは不審者や不審物への注意を怠る結果になることが多い。また、一人ひとりの手荷物があまりにも几帳面に検査され、雪用の手袋までチェックされることによって、結果的に人々が自警心を緩めてしまうのも想像に難くないのである。

このようなブルース・シュナイアーの目線でセキュリティの問題を見てみると、一般社会ではばかばかしいことがいかに多く行われているかがわかる。たとえば二〇〇七年、当時の英国首相ゴードン・ブラウンは政策を次々と発表して、空港や鉄道駅、その他の交通要所でのセキュリティを高めようとした。中には爆破耐性のある壁の建設計画もあった。シュナイアーのブログへの投稿によると、このバリアーはリヴァプール・ライム・ストリートの中央駅に建設されたが、線路沿いに数マイル離れた郊外の小さな駅には建設されなかった。ブログの見出しは次のようになっていた。「英国は鉄道テロリストたちを少し遠くへ強制移動させるために数十億ユーロを費やした」。ブラウンの政策は安心劇場の伝統的な一例である。つまり、旅行者にわずかな安心を与えるために膨大な出費をする――そして、計画の詳細までチェックしない旅行者はそれなりの安心を得ることができるが、少しでも気のつくテロリストにはまったくお粗末な対策であった。

人間はさまざまな手段を用いて「幸福」を追求するが、もっとも基本的な手段のうちうまく機能しないものがいくつかあることは、これまでに見てきたとおりである。それらがうまく機能しない理由の一つに、あまりにも性急にそれを実行しようとすることが挙げられる。シュナイアーも同様の意見を述べている。つまり、空の旅をより安全にするために性急に採用された手段は、多くの場合うまく機能せず、逆効果をもたらしているというのである。問題をもう少し深く掘り下げて、空の旅の安全性を人間の「幸福」の一部として考えてみよう。そのためには、われわれが「幸福」を達成するための方策として推奨する「ネガティブな手段」の核心に迫る必要がある。言うまでもなく、もっぱら性急にセキュリティを追求するだけでは、結局のところ、テロ対策の不合理さに直面するのみならず、あらゆる物事の不合理性の中に埋没することになりかねないからである。

現実の政治、ビジネス、国際関係、さらには個人生活などの人間活動をよく見てみると、驚くほど多くの部分で、安全を求め、安心感を得たいと願う欲求が活動の動機になっていることに気づく。だが、これらの欲求は、必ずしも実際の安全につながるとは言えない。ましてや、必ず幸福をもたらすとは限らない。反対に、きわめて不安定で危険な状態——たとえば、とても貧しい状態——に身を置いている人たちの方がかえって安全の本質を洞察しており、幸福への近道にいるといえる。これが、幸福への「ネガティブな道」であり、さらに極論すると、**安全そのものが一種の幻想にすぎないこと、つまり、われわれが探し求めていると思っていたことが実は間違いだった**と理解できるのである。

安心にはバイアスがつきもの

近頃よく感じるのは、われわれが他に類を見ないほど危険で不安定な時代に住んでいること、しかも事態はますます悪化する傾向にあるということだ。数年前には、アメリカの諜報部の主導で、未来について広く予測する「二〇二〇年プロジェクト」が実施された。その報告書には、「まん延する危険と不安」という露骨な見出しの一章があって、二〇二〇年頃には「心理・物質両面で、より広範囲に危険や不安が拡散しているものと予測される」と書かれていた。不安の原因の主なものとして、「雇用確保の心配」、「移民をめぐる懸念」、「テロと国内紛争」、さらに「大国間の対立」などが挙げられていた。

ただし、それらは、かつて二〇世紀末に何百万もの人々に新たな危険と不安をもたらしたあの金融崩壊の前に書かれていた文言と同じである。つまり、人々はいつの時代であっても、自分たちこそ、他に類を見ないほど危険で不安定な時代に住んでいると感じたがるものである。このことを示す実例はいくらでもある。たとえば、一九五一年は、戦後の苦しい時代が終わり、冷戦という最悪の時代を迎える前であった。したがって、総合的に判断すれば、比較的幸福で豊かな年だったと言える。にもかかわらず、アラン・ワッツはその時代の人々が感じている危機感や不安感について、次のように書いている。「われわれは非常に不安定な時代に生きている。過去数百年余りの間に、長い歴史を持つ伝統がすっかり崩れ去ってしまった——家庭と社会生活の伝統、政府の伝統、経済秩序の伝統、宗教信仰の伝統。われわれがいつも拠り所とする、正しく偽りのない、永遠に不変の堅固な支えがだんだん失われていくようだ」

紀元前六三四年のローマの人たちもそうだった――一二〇〇年も続いた都市が崩壊の運命にあると聞かされ、どれだけ多くの市民が不安におののいたことだろう？　このように、歴史上のあらゆる時点で人々は大なり小なりさまざまな恐怖と不安を感じてきたはずだ。デジタル化された現代なら、グーグルで「不安な時代」という語句を検索すれば、何百という雑誌や書籍上の該当する箇所がヒットする。ワッツも言ったように、「われわれの時代も他の時代と同様に危険で不安である。貧乏、病気、戦争、変動、死、どれも目新しいものではない」のである。

いずれにしても、「今より大きな安心感を得たい」というのが人々の変わらない願いであろう。だが、残念ながら、そこにはたくさんの落とし穴がある。このことについては、シュナイアーが航空安全に関する著作の中で、次のように説明している。私たちが安心感を抱くように考案された戦略は、実際には私たちを安全な状態にしてくれるものではない。場合によっては逆効果になることすらある。「セキュリティには現実としての『安全』と感覚としての『安心』の両面がある。そして大切なのは、それらが同じではないことだ」

セキュリティにおける**現実**（**安全**）**と感覚**（**安心**）**のズレ**は具体的に予測することが可能である。近年、認知と現実との乖離を説明する「認知バイアス」についての書物が出まわっているが、多くの本がセキュリティに関する慢性的な過ちの説明にスペースを割いている。たとえば、自然界から受ける実際の脅威よりも、他の人間から受ける脅威の方が恐ろしく感じられるとか、心にはっきりと思い浮かべることのできることの方が、ぼんやりとしか思い出せないことより脅威の度合いが強い（いわゆる「可能性バイアス」）とか、あるいは、自由なコントロールの利かない状態、たとえば飛行機の乗客の場合と、ある程度コントロールが利く状態にある場合、たとえば自動車を運転している場合とをくらべてみると、前者の方が後者より恐怖の度合いは大きい、などである。**人間は、現実の安全を失う危険をおかしてでも心理的な安心を得ようとする。**自動車事故で死ぬ方が飛行機事故で死ぬよりはるかに確率が高く、心臓病で死ぬ方が強盗の手で殺されるよりはるかに確率が高いにもかかわらず、飛行機テロのニュースを聞いた人は予定していた飛行機をキャンセルして自動車で行こうとするだろうし、ダイエットに時間とエネルギーを使う代わりに自宅を改造し強盗の侵入に備えようとするだろう。このようにして、人々は現実の安全を犠牲にしてでも、より多くの安心を得ようとする認知バイアスに従うのである。

認知バイアスが急速に進行したのはなぜか？ 心理学者の間では見解が一致していないが、シュナイアーは次のように説明している。つまり、人間の生物学的進化が現代社会の発展のスピードについていけないからだ、と。人類をその進化時期全体を通して長期的に観察すれば、人類が生き延びるためにこれらのバイアスが効果的に働いたことは容易に理解できる。しかし、今の社会ではうまく機能しない。なぜなら、現代社会ではそれらバイアスはまったく無用の存在だからである。たとえば、ヘッドライトに驚いた動物は本能的に捕食者を振り切ろうとして荒々しく跳びはね、道路を横切って反対側へ行こうとするが、捕食者が四輪駆動車ならその試みは失敗に終わる。シュナイアーは言う。「われわれが危険に対処するために生まれたときから備わっている能力も、現代の人間社会や科学技術やメディアの前ではまったく無力なのだ」

　たとえば「可能性バイアス」の場合を考えてみよう。心に鮮やかに思い描くことのできる脅威を気に掛けるのは、一昔前には確かに意味のあることだった。というのは、そのときに脅威を鮮やかに想い描けたのは、たぶん、事件が発生した場所から数マイルしか離れていないところに住んでいたとか、事件が発生してからあまり時間が経っていなかったからだろう。そして、もっと大きな危険の可能性を脅威として受け取ることができた。したがって、このときの「可能性バイアス」は、脅威を正確に判断する上での手っ取り早い有用な手段だった、と言える。しかし、今日では事情がちがう。たとえば、テレビのニュース速報を毎日みるのが習慣になっている人は、さまざまな脅威を心に描くことができる。テレビニュースの目的は世界中を殺伐とした惨劇シーンで塗りつぶそうというものだから、その人は実際に直面していない脅威にまで気をとられてしまうのである。外国の地でテロが発生したという報道を見た人は、外国での休暇計画をキャンセルするかもしれない。実際には、テレビの前のソファに長時間座っている方が、その人の寿命を縮める効果がはるかに大きいというのに。

脆弱性の中に身を置く

　安全を求める上で「認知バイアス」だけが問題なら、その解決法は単純で分かりやすい（実行するのは必ずしも簡単でないが）。絶えず心にバイアスを意識し、自らの行動をそれなりに調整すれば良いからだ。しかし、問題がそれほど簡単でないことは言うまでもない。問題はもっと根深いのである――それは、安全という具体的目標をより基本的な問題として捉えねばならないからだ。そのために、われわれが「幸福」を得るための方便としている「ネガティブな手段」の核心に迫る必要がある――**真の安全、つまり「幸福」を達成するには、あえて危険や不安や脆弱性の中に身を置き、それらに耐えようという逆転の発想ができるかどうかに掛かっている**と言える。

これは極めて厄介な話題である。もし、誰かが「非常に危険な状況下で生活する方が望ましい」とか、「心理学的な安全や安心は決して健康的なものではなく、保有する価値すらない」などと論ずれば、その人は正気だと思われないだろう。しかし、「幸福」の研究において頻繁に取り上げられるテーマは、われわれがいくらやっきになって「安心感」を追い求めても報われることはない、という現実である。われわれは財政的に安定しようと努力するが、ある程度以上のお金が貯まると、それ以上のお金がその人を幸福にすることはない。また、われわれは身体の危険を避けるため、より安全な地区へ移動したり、閉鎖されたゲーティッド・コミュニティーに閉じこもったりする。しかし、このような共同体レベルの閉鎖性が個々の住民の幸福度に悪い影響を与えることはすでに実証されている。われわれは強力でロマンチックな人間関係や友人関係を維持し充足させたいと願っている。しかし、性急に安定させようとすると、肝心の人間関係をだめにしてしまう。結局のところ、人々が繁栄するには、無防備な部分がある程度残されていること、良きにつけ悪しきにつけ、自由な行動の余地があることが必須なのである。シュナイアーが言ったように、空の旅そのものの可能性を封じてしまってもいいのなら、人々を例外なくテロから保護することができる。

以上から判るように、**完全な安全や安心はわれわれの利害に反する**のである。だから、われわれは安全を何よりも優先させると言いながら、具体的には何も実行できないのである。

そこで、危険や不安に対して無防備であることが何を意味するのか、考えてみよう。「脆弱であることは、何の防具も付けずに、ありのままの姿で、そこに存在することです」と心理療法医のハル・ストーンとシドラ・ストーンは言う。「自分の脆弱性を感じることができれば、周囲の世界に対する自分の反応のすべてを経験することができます」

脆弱性の心理学的メリットについて特別に研究し発表したことのある社会福祉事業の教授、ブレネー・ブラウンは次のように言う。「要するに、特定の感情だけを麻痺させることはできません。自分が欲しくないものを取り出して、ここが悪い、弱い、悲しい、恥ずかしい、怖い、失望した、などと指定することはできません。結局、ネガティブなものから自分を護るには、ポジティブなものからも自分を護らねばなりません。そうなると、そのような保護など得たいとは思わなくなるでしょう」

仮にも愛するということは脆弱になるということだ。誰かしらを愛してごらんなさい。あなたのハートはよじれ、破裂しそうになるだろう。もし、ずっと傷つかずにいたいなら、誰にもハートを捧げないことだ。たとえ相手が動物であっても。あなたのハートは、趣味とちょっとした贅沢で大切に包んでおきなさい。どんなものめごとにも触れないように、あなたの身勝手な宝石箱か棺桶の中にそっとしまっておきなさい。でも、その宝石箱や棺桶の中は安全ではあるが、暗くて、何も動かず、空気もない。ハートは変質しても壊れることはない。壊すことも、突き通すことも、矯正することもできなくなってしまうだろう。(Vincent Genovesi 著『In Pursuit of Love: Catholic Morality and Human Sexuality』Liturgical Press)

ことほどさように、安全・安心という幸福の追求を至上命令とする「楽天主義カルト」は、いかにしてネガティブな感情から身を守るかという難問に、常に対処しなければならない。人々がポジティブ思考とそれに関連したさまざまな手法を通して求めているのは、将来の安全・安心であり、将来の展望とその確実性についてである。しかし、これらを追求しているうちに、ネガティブな感情を排除する方に精力を割き、幸福の実現に不可欠なパワーを使いつくすのである。

アメリカ人の仏教尼僧ペマ・チュードゥンにとっては、「危険と不安」は現実世界の本質を表すことばに他ならない――私たちがさまざまに苦悩するのは、実際には存在しない地面の上をはいずりまわっているからだ、と言う。「仏教徒になることは、ホームレスになるようなものです。私たちはもともと地盤のない不安定な状態に置かれているのです……でも、この不安定さを意識から消し去ることはできません」

チュードゥンのもっとも有名な著書『すべてがうまくいかないとき』(めるくまーる)は、何ごともすべてうまくいかなくなり、破滅状態になったときに私たちを元の安全な足場へ戻れるよう誘導してくれるマニュアルである。そこで彼女が言っているのは、何もかもうまくいかなくなったら、たとえそれがどんなに辛い経験であろうとも、そんなときこそが絶好のチャンスと思いなさいということだ。なぜなら、一見して安全な周囲が崩れてしまうと、現実の生活のありのままの姿と直接対決しなければならなくなるからである。「物事に永久・不変なものはありません。何ごとも長くは続きません。**確定的で決定的な安全など存在しません**」とも言う。ただし、誤解のないように言うと、**私たちが惨めな気持ちになるのはそのためではなく、その真実に目をつぶって、それから逃れようとするから**なのである。

一月のある日曜日の朝、空には雲一つない暑い一日が始まろうとしていた。アフリカで二番目に大きなスラム街の住民たちは、みんな着飾って教会へ向かっていた。男性はアイロンのかかったスーツ、婦人はドレスでおしゃれし、子どもたちは聖書を手につかんで歩いていた。世界でもっとも貧しい地区の一つであるここキベラ。ゴミの散らかった線路がナイロビの市街からスラム街を切り分けるように走り、その線路を横切っている小道はみんな泥だらけ。一応は道路の体裁をとっているものの、教会行きの晴れ着を汚さずに歩くには至難のわざが要る。地面のいたる所にビニール袋などの廃棄物が乱雑に捨てられており、シートメタルの廃材と泥で作られた粗末な家々の間では側溝から溢れ出た下水の中を鶏や犬がうろうろ歩いていた。

教会へ向かう人のほとんどは丘を登って大きな「アフリカ内陸教会」へ行くか、その向こう側のカトリック教会の方へ行こうとしていた。この二つの他にも、たくさんの小さな教会が民家の間に埋もれるようにして建っていた。それらは、一部屋だけの薄暗い掘立小屋の教会で、中では一人の牧師が二、三人の参拝者を相手に説教したり、カシオの鍵盤楽器で賛美歌を演奏したりしていた。だが、二二歳のキベラの住民フランキー・オチエノ青年に言わせれば、これらの小さな教会はみんな「詐欺教会」だそうだ。オチエノ青年は、日曜日でも教会へ行かずに仕事をしている。キベラの母親の家の薄暗いメインルームでボロボロのソファに座って、コーラを瓶飲みしながら、穏やかに、しかし皮肉たっぷりに説明してくれた。「キベラでは、教会は商売になるのですよ。なぜなら、援助団体からお金をもらう一番手っ取り早い方法だからです。きたない服を着た子どもや食べ物もない貧しい子どもたちを教会の中へ集め、そこへ援助団体の人たちを招きいれる。招かれた人たちは、参拝者でいっぱいの教会の写真を撮って持ち帰り、スポンサーに見せるのです。そうして、彼らは教会にお金を支払うのですよ」。彼はクスクス笑って言った。「すべては、写真の出来次第なんですよ」

キベラの別の地区へ行こうと思った私は、さらに狭い道をスラム街の奥へと分け入り、ヤギの骨のリサイクル処理場に出た。そこでは三人のキベラの男性が一日の仕事に取りかかっていた。広場には、片方に新しいヤギの骨が積み上げられており、中央にはのこぎりや研磨機が置かれていて、さらに反対側には作業の成果が積み上げられていた。ビール瓶の栓抜きや、ネックレスになったヤギの骨はナイロビの中央に運ばれ、観光客に売られるのだ。自家発電機につながれたずんぐりしたカセットレコーダーからはクラシック・ロックが流れていた。耳をすませば、丘の上の教会で歌う合唱も聞くことができた。近くのオープングリルでジュージューと音をたてているヤギの焼き肉料理「ニャマ・チョマ」の匂いが施設全体に漂い、下水の臭いを打ち消していた。

商業的に言えば、キベラの日曜日は普段の日と何ら変わらない。つまり、相変わらず賑やかである。ヤギの骨の処理場を離れ、焼き肉グリルの並んだ通りを抜けると、青いビニールシートを敷いた通路に出る。スラム街住民のための市場に通じる公式の通路である。だが、市場の境界線ははっきりしていない。キベラ全体が市場のように思えるからだ。穴ぼこだらけの細道に沿って、商人たちが蛍光灯の下で簡易テーブルの上にラジオやパイナップルや子ども服を並べて売っている。建築資材や不要な電子製品を満載した手押し車が、通行人や他の手押し車の間を互いにぶつからないように右へ左へと動きまわっている。

賑やかな市場を出て少し行くと、とある建物の前を通りすぎた。その建物では、衛星テレビで英国のプレミアリーグのサッカー試合を放送していた。さらに行くと、小道の傍の小さな敷地に、ジョージという男が即興で作ったジムでトレーニングに汗を流している姿を見ることができた。バーベルは鉄パイプを再利用したもので、両端に分銅代わりにコンクリートを流し込んだ円筒状の水桶を吊るしていた。「一五〇キロ」と言って、筋骨隆々とした肩の上へバーベルを持ち上げた。額には血管が浮き上がり、びくびくと脈打っていた。ジムを取り囲むカーテンの陰からジョージの子どもたちが笑いながら首をのぞかせていた。

人口統計によると、キベラの住民は一七万人とも、一〇〇万人とも言われているが、彼らが直面している生活条件は、他の土地の人たちの基準から見れば、ほとんど想像を絶する厳しさの下にあった。スラム街には上水道も電気もなかった。唯一の例外は、ナイロビ市街の住民向けの架線からの引き込み線で「無断借用」する電気だった。性暴力はまん延しており、自動車の乗っ取り事件やご都合主義的な殺人事件は毎週起こっていた。適切な公衆衛生施設がないので、人間の糞尿処理は、スラム住民が顔をしかめて言う「フライング・トイレット」という方法が主だった。まず、排便をビニール袋に入れ、それを自分の家からできるだけ遠方に向けて放りなげる、という方法だ。この空飛ぶトイレのおかげで人々は下痢と腸チフスに悩まされ続けている。住民を悩ませている病気は数多く、住民の約二〇パーセントはＨＩＶに感染していた。

加えて、国際空港や快適なビジネスホテルの建ち並ぶナイロビ中心街からも近いことから、キベラは人間の苦悩を象徴する場所として世界的に知られることとなったのである。一国の首相や大統領が視察にやってきては、唖然とした表情で帰っていく。テレビのニュース班が定期的に来ては、記念写真をとっていく。そして、スラム街は国際援助団体の注目するところとなっていったのである。多くは宗教団体で、ほとんどが欧米系である。「Fountain of Hope Initiative（希望に向けた取り組みの泉）」とか、「Seeds of Hope（希望の種子）」、「Shining Hope for Communities（地域社会のためのかがやける希望）」、「Kibera Hope Centre（希望の中心キベラ）」、「Kibera In Need（困窮のキベラ）」などの名前を冠した団体である。

しかし、本当にキベラは人間の苦悩を象徴する場所なのか？　キベラ生まれでキベラ育ちのノーバート・アルクに、子ども時代に何か惨めで苦しいことがあったか尋ねてみた。ひょろりと背の高いソーシャルワーカーの彼は、信じられないといった表情で笑いながら言った。「もちろん、なかったよ！　だって、一日が終わっても、自分一人の生活などなかった。毎日の仕事が終わると、手に入れたものを何でも家へ持ち帰り、近所の人たちと一緒に分けあい、できるだけうまく使えるように工夫したもんだ。キベラで何とか生きていくには、隣近所のひとたちと一緒に生活するしかないよ」。あるいは、キベラに住んでいるアイリーン・ムエニにも聞いてみた。彼女は子どものころに負った心の傷について暗い調子で話したが、それでも次のように言った。「幸福なんて、主観的なものですよ。スラムに住んでいても幸福になれるし、街中でも不幸なことがありますよ。幸福になるのに必要なのは、あなたたちが思っているようなものではありません」

これは、キベラを訪れる多くの人たちの心に真摯に訴える真実であるが、説明するのが難しい。適切な言葉がみつからない。このことが誤解を生じやすいことを誰もがよく知っているからだが、ずばり言ってしまうと、キベラの住民は他人が思っているほど不幸には見えないし、意気消沈してもいないということだ。キベラに滞在してドキュメンタリー映画を撮影したジャン・ピエール・ラロクは言う。「貧乏がキベラの機能を損なってきたことは明らかです。しかしキベラは、NGOや教会の代表や慈善団体が吹聴しているような、人々の哀れみを誘う叫びをあげている訳ではありません。その代わりに目に付くのは、商売で忙しい街路の風景です」

このように、極端に不便で不安定な環境の中で生活していても驚くほど生き生きと活動し、落ち込んだ様子などまったく見られないのは、キベラの人々に限ったことでない。わけてもアフリカのサブサハラ諸国の人々に対してよく引用される表現にすらなっている。しかし、このような見方には問題がある。というのは、現代文明の腐敗に侵されていない「原始的な」人々に対する差別概念がつきまとうからである。また、問題の多い政治的な結論を導く可能性もある。たとえば、厳しい貧困や病弱で困っている人々がそんなに幸せであるなら、彼らは外部からの援助を必要としないだろうと結論付ける人も出るだろう。そして、裕福な有名人がテレビなどで、うっとりした表情で、何も持たないことの幸福感について語ったりするのを見ると、まったくうんざりしてしまうのである。

しかしながら、問題があるからという理由でこれ以上検討せずに、すべてを退けてしまうことはできない。真摯に検討すべき事実が未解決のまま残されているからだ。「世界価値観調査」のような評判の高い研究プロジェクトをはじめ、さまざまな国際的な幸福調査機関の調査結果を見ると、世界でもっとも貧しい国のいくつかがもっとも幸福な国の一つにランクされていることが分かる（ナイジェリアは国民の九二パーセントが一日二ドル以下の生活をしているが、世界一の幸福な国になったことがある）。ケニヤをはじめアフリカの一二カ国以上を対象に調査する「アフロバロメーター」という調査機関は、対象地域の中で「もっとも貧しく危険で不安定な国に異常なレベルの楽観主義が見られる」ということをデータで示している。たとえば「両親は自分たちの子どもの将来をどれほど楽観的に見ているか？」という質問に対して、両親の富や教育に反比例していること、つまり社会的特権に恵まれていない人たちほど楽観的だという結果が示された。精神衛生に関する調査によると、不安障害やうつ病は貧しい国に共通して非常に少ないとのことだ（診断方法の誤差は勘案済み）。全世界を対象に行われた精神衛生問題の調査では、まん延度においてアフリカのサブサハラ諸国が最も低く、上位は豊かな工業国が占めたそうだ。

「いいですか、これが社会科学者たちがこれまでしばしば指摘してきたことです」と、ノーバートは言った。私が二度目にキベラを訪問したときのことだった。スラム街のはずれにある一階建の事務所の日陰に出した折りたたみ式の椅子に座ってわれわれは話し合った。「社会問題を抱えているからといって、人々が幸福じゃないとはいえませんよ。お金をたくさん持っている人はあまり問題を抱えていないというのは本当でしょうか？　汚職で監獄に入る政治家がいますが、彼らが私と比べて幸せだとは断じて思えませんね。人々はそれぞれのレベルで問題を抱えているのです。ストレスがたまれば心臓病や高血圧になるように。ねえ、そうじゃありませんか？」ノーバートはそう言って肩をすくめた。

この心理学的現象については少し説明する必要がある。たとえ、幸福に関する国際的調査の方法論に議論の余地があるとしても、またジャン・ピエール・ラロクや他の人たちの印象がキベラの全体像を把握してはいないとしても、なぜキベラのような土地が幸福度調査ごとにはっきりと最低レベルに査定されないのだろうか？　複数の答えが出されたが、どれも満足できる内容ではなかった。その一つは、単に人々の期待が低いから、というものだった。関連した回答に、幸福とは相対的である、という考えに基づいたものがあった。つまり、自分より楽しいライフスタイルが周囲にない場合、人は自分をそれほどみすぼらしくは感じない、というものだ。これらの主張の問題点は、スラムの住民を見下す考え方に安易に流されていることにある。スラム街の人たちはあまりよく知らないからだ――上水道や水洗トイレ、低い罹病率の生活ができるということを知らないだけなんだ――と考えてしまうのである。しかし、これはキベラのケースに当てはまらない。なぜなら、すぐ隣にきらびやかなナイロビの市街があり、住民の何人かはそこで仕事をしているからだ。スラム街からナイロビに向かう道路を少し歩いたところに、ケニヤ政界の長老の大邸宅がある。キベラの中央にある女学校では、タイムズ・スクエアの大きな写真の下で五歳の少女たちが読み方の勉強をしている。ハリウッド映画のＤＶＤはありふれた日用品になっている。それでも、ノーバート・アルクは「渇望（ザ・サースト）」という新語を考え出した。彼がキベラの若者たちの心に植えつけようとしている野望（大志）のことだ。正確に言えば、若者たちをナイロビのもっといい場所へ連れていき、将来自分たちも手にすることのできるものが何であるか、具体的に見学させていたのだ。少なくともこの場合、物事をよりよく知らずしてミステリーは解けない、という一例だろう。

話を元に戻して、なぜキベラのような土地が幸福度調査で最低にランクされないのか、という疑問について考えてみよう。私自身もはっきりした答えを持っている訳ではないが、安全・安心と危険・不安という文脈から見直してみると、多少は謎が解けていくように思えるのである。

これまで論じてきたように、安心感をいくら追求しても結局のところ目標を見失い道に迷ってしまうことになる。逆に無防備であること、あるいは脆弱であることの方が、私たちの求める幸福、わけても強力な社会的絆を築く前提条件になるのではないか、ということも分かってきた。

キベラや同様の環境に住む人たちに共通して言えることは、危険や不安な気持ちをしずめるために、世界の他の人たちが用いているような自滅的な手段を持っていないということである。ただし、お金はあるよりもない方が良い、などと言おうとしているのではない。私が言いたいのは、もしお金を持っていなければ、お金に期待しすぎて自滅することもないだろうということだ。同じことが立派な仕事や、たくさんの財産や、輝かしい学歴などにも言える。もしそれらを得るチャンスがないとすれば、それらが過大な幸福をもたらすだろうという誤った期待をすることもないだろう。もっと広い見方をすれば、彼らのように絶望的な環境に住んでいれば、危機感や不安感を心から締め出す手段など持ち合わせていないのである。逆に、絶えず危険で不安定な現実に向き合っていなければならないのだ。キベラの人たちは、好むと好まざるとにかかわらず、無防備（脆弱）なのである。

この現実を目にして強いショックを受けた、と語るのは、キベラで仕事をしているアメリカ人のページ・エレンソンである。「まったく嫌になっちまうよ、あのロマンチシズムには！――『おー、住民たちはみんな幸せなのよ』などとほざいてさ」。ページ・エレンソンは続ける。「どう考えても、彼ら住民たちが本当に幸せだなどとは言えないよ……もしも、あなたがちゃんとした衣類を買うことができず、良い仕事にも就けなかったら、そして、そういったしっかりと続けていけるものが何もないとしたら、どうする？　自分を人々に理解してもらうには、着ているものや名刺に書かれた職業を通してではなく、自分のありのままの姿をさらけ出すしか方法がないじゃない？　そして、もしもあなたが人々に好かれたいなら、人々に対して親切に振舞わねばならないし、絶えず相手の目の奥をみつめて接しなければならないでしょう。もっとも、米国ではそんな風に気を遣う必要などないでしょうね。なぜなら、『ねえ、見て！　私の着ているものを！　私の名刺に書かれた肩書を！――それだけで十分でしょ』といった具合だから。でも、キベラの住民には、そんな気取りやみせかけの手段は一切ないのよ。このキベラの住民たちの無防備性（脆弱性）こそが問題なのよ。これが果たしてあなたを本当に幸せにするのかどうか、私には分からないけど……もしも周囲に何もしがみつくものがなく、あるのは自分のものではない選択肢ばかりだとすれば、物事は一変しちゃうわよ。そうすると、糞のような浪漫主義かぶれの話など止めるしかないでしょう」

「糞」といえば、ノーバートの案内で彼が関係しているプロジェクトを見学することができた。それは、人糞をリサイクルして市販可能なバイオガスに転換するもので、それによって「空飛ぶトイレ」の弊害を解消しようというものだった。ビニール袋に入れた糞尿が金《かね》になると分かれば、人々はそれらを道路に直接投げ捨てなくなるだろう、とノーバートは考えたのだ。これこそ、キベラの住民にしか思い付かない実用的な計画だが、アメリカの援助団体がそれを支援していた。以前ノーバートが私に、隣近所の人たちと共同で働くことの重要性を話したことがあるが、そのとき、彼はありきたりの甘っちょろい話をした訳ではなかった。彼が言いたかったのは地域社会での活動であって、その中にはこの人糞の再処理計画も含まれていたのだ。

フランキー・オチエノの意見も聞いてみた。母親の家のソファに座ってコーラを飲みながら、彼は次のように語った。「いいですか？　キベラは決して良い場所ではありません。いくつもの大きな問題を抱えており、数えきれない数のNGOがやってくるが、何一つ良いことはしていかないのです。これは重大な、非常に重大な問題です。でも、人々は毎日何とかやっていかなきゃならないのです。そうするしか方法がないからです。今持っているものを大切にし、それと仲良くすれば、それなりに幸せになれます。幸せなんて、自分や家族の中で感じるものです。あるいは自己啓発の過程でも感じることができます。どうして、自分たちの持っていないものまで心配するのですか？」

何はさておき、生来の危険と不安の中で生活することは、決して望ましいことではないが、その意味するところは次第に明らかになりつつある。うらやむ者など誰もいない。そこでは常に正面から現実と対峙しなければならず、幻影を抱く余地などほとんどないからだ。

安全も安心もこの世に存在しない

以上のとおり、危険や不安定な状態は安全よりも幸福と相性が良く、もしかしたらわれわれを幸福に誘導してくれるかもしれないことが分かってきた。さらに極端な意見かもしれないが、安全を研究テーマにすることは基本的な誤解に基づいているのではないか、と言う人もいる。ヘレン・ケラーの有名な言葉を借りると、「安全はほとんどが迷信である」ということになる。この考え方にはいろいろな解釈ができるが、アラン・ワッツの著作を参考に考えてみよう。

一九五一年、ワッツの『Wisdom of Insecurity（不安の知恵）』という小論文は次のような内容で始まっている。

「今の時代の人々が抱く不安な心情をみごとなまでに代弁することばがある。『科学の進歩』というやつだ。たとえば、『死後には無限の至福の世界がある』とか、『われわれはたえず神に見守られている』とか、『ローマ教皇やカンタベリー大主教が制定した道徳規則は文句なしに従わねばならない』などと言って自分自身を納得させている人はどんどん少なくなっている。過去一世紀の間に人々の心象の中で宗教の権威が科学の権威にとって代わられ、少なくとも霊的なものに対する懐疑的な見方が信仰心より一般的になったことは自明である」

その後、アメリカで原理主義キリスト教が復活することになるが、ワッツはすでにこの時点で、優勢な科学への反動としてキリスト教原理主義運動の再発を予測していたものと思われる。

科学的な探究が計り知れないほど多くの恩恵をもたらしたことは言うまでもないし、ワッツも大いに賛同するところである。だが同時に、人々の心に大きな精神的空白を残したのも事実だ。神も来世もない宇宙の科学的な光景は、一人ひとりの人生から特別な精神的意義を跡形なく吸い取っていくのである。われわれはただ単なる有機体として生存し、理由もなく短い人生をまっとうし、消滅していくという訳だ。ワッツに言わせれば、これこそが誰もが心の底に持っている究極の不安の源泉なのである。とはいえ、ほとんどの人は、かつて経験した独善的な宗教に再び心地よい庇護を求めて戻っていくこともできないでいる。もはや真実でないと分かっている宗教的な考えに自らを納得させることなどできないからだ。

こうして、科学的には真実であっても生きがいのない人生を選ぶか、それとも迷信と自己欺瞞に基づいた宗教的人生を選ぶかが問題になっているが、ワッツは第三の道があるという。彼の小論文の後半にその説明が書かれている。

まずワッツは、非恒久性こそが宇宙の本質であり「ただ一つ恒久的なのは変化することだ」と言っている。「no man steps in the same river twice（誰も同じ河に二度踏み込まない＝同じことは二度起こらない）」と言ったのは、紀元前五〜六世紀のヘラクレイトスで、同時代の中国では孔子が水の流れを指さして「水はいつも流れている。昼も夜も」と言ったそうだ。人も、動物も、植物も、社会も、文明も、すべてが成長し、変化し、死んでいく。それは世界中どこでも通じるもっとも明確な事実であり、科学者であれ、宗教人であれ、誰もが認める真実である。

このように明々白々な洞察にもかかわらず、われわれはいつも安全性、恒久性、不変性、安定性を求めて、非恒久性との戦いに終始しているようだ、とワッツは言う。ただし、ワッツはあなたを叱って、非永続性との戦いを止めさせようとしているのではない——「欲求というのは、いくら罵っても取り除くことができない」と書いている。その代わりに、非永続性と戦うことが根本的な誤りであることをわかってもらいたいのだ。変化するものを固定しようと試みるのは矛盾した行為である。変化を固定できないのは、熱気を冷気に変えたり、緑色を紫色に変えたりできないのと同じだ。「そもそも絶え間なく流動しているのが本質の宇宙において、一〇〇パーセントの安全を望むこと自体に矛盾がある」と書いている。

さらに悪質なのは、変化する中で安定を求めるあまりに自分自身を周囲の変化から分離し、自分と他のものとの間に差異を設けようとすることである。変化から離れることで安全を得ようとするのであろうが、それは生命を規定するものから離れることに他ならない。「もしも私が生命の流れに翻弄されない安全な状態で保護されたいなら、私は生命そのものから離れたいと願っていることになる」とワッツは書いている。

これは、問題の核心に迫ることばである。**われわれは、安全でありたいためにエゴの要塞を築いて自己保身を図る。だが、この要塞そのものがわれわれを不安にする原因となるのだ。**「安心するというのは、『自我』を要塞化して孤立させることを意味する。この孤立化された『自我』のために、人々は孤独になり、恐怖すら覚えるのである」。こういった考え方は直感と相反するもので、まるで若い美女の映像が突然老いた魔女に変わる目の錯覚を体験しているようなものだ。

われわれは敵を侵入させないために城壁を築く。だが、敵が最初に跳び込もうと狙うのがこの城壁である。そこに城壁があるというだけの理由で、攻撃目標になるのだ。「**安全・安心を望むのも、不安を感じるのも同じことです**」とワッツは結論を下した。

「息を止めることは、息を切らすことです。安心感を基本目標にして作った社会は、何のことはない、息止めコンテストの会場みたいなものです。参加者全員が顔面を太鼓の皮のように張りつめさせているのです」。仮に、一時的あるいは部分的に安心感を得ることができたとしても、そこでは決してゆっくりしていられない、とワッツは付け加えた。城壁の中は孤独で、外部からは完全に孤立している。「われわれがそこでハッと気づくのは、もはや安全などどこにも存在しないこと、それを探すには相当な苦痛を伴うことです。仮にそれを見つけたと思っても、そのとき、もはやわれわれはそれを求めていないことに気づくのです」

ワッツは言う。「自己と他人との間に明確な境界線を引くことはできません。仮に適当なところに線が引かれたとしても、それは両者を分ける境界線ではなく、両者の出合う合流地点です。

自己と他人は互いに依存しながら生存しているのです」と。もし、それが真実なら、安全の概念は誤った考えだということになる——なぜなら、個別の「自己」という考え方が意味を持たなくなるからだ。それでも、あなたが自分を周囲から切り離そうとするなら、それは何を意味するのか？　ワッツは次のように書いている。

安全も安心もこの世に存在しない——これを理解するのは容易ではない。常に変化する森羅万象や、命のはかなさが解る程度の理解レベルをはるかに超えたものであるからだ。安全や安心の概念は、何かしら恒久なもの、つまり日々の変化に耐えて長続きするものが自分の中にあるのだ、という感覚に基づいている。われわれは、自らの存在の中心となる不朽の核や魂（これらを「自我」と呼んでいる）の恒久性、継続性、安全性を確実にするため日夜奮闘している。これらは、本当の人間——しっかり思考し、感情の機微を理解し、豊富な知識を持っている人間——になる要件だ、と思っているからだ。しかし、この「自我」など実際には存在しないことを実感するに至って、初めて、世のなかには安全も安心もないことに気づくのである。

この尋常でない文章の言わんとするところが把握できれば——実際、私自身もこれを理解するのに結構な時間がかかったが——なぜわれわれの幸福を求める努力がしばしば挫折するのか、なぜ当初考えていた目標とは正反対の「皮肉な」結果に終わってしまうのか、わかってくると思う。

あらゆるポジティブ思考、目標の設定や視覚化、物事の明るい面だけを見る方法、反対を押し切ってでも物事を都合よく進めるためのあらゆる努力、これらはすべて「自我」と「事象」の分離を前提にしているのである。しかし、よく考えてみると、この前提は破たんせざるを得ないのである。危険や不安定から安全へ、不確実から確実へ逃れようとする努力は、そもそも今まで甘んじてきた現システムから脱出しようとして出口を探すのと変わらない。今住んでいるシステムに手を加えて変えることももちろん可能だ。だが、自分が誰であるか、そしてどんな安全・安心が得られるのか、という課題について誤った理解を改めないかぎり、われわれの行動には歯止めがきかなくなり、遂には自滅してしまうリスクを常に負っているのである。

人間の一生はなぜこれほどまでに徹底的に腹立たしく、いらいらさせるのか？　その本当の理由は、死や苦痛、恐怖、飢餓などの事実があるからではない。これらの事実が発生したとき、われわれはあわてて走りまわり、がやがや騒ぎながら行ったり来たりし、身をよじらせたりする。そうすることで「自我」をその場から逃がそうとしているのだ。それが狂気をもたらす原因である……反対に、健全性や全体性や一体感は、われわれがばらばらに分割されていないと実感するところに存在する。つまり、人は今体験中の物事と一体関係にあり、「自我」も心も切り離されていないことに気づくのである。人生はダンスである。ダンスをしているとき、他のことを目論んでなどいない。ダンスの意味や目的はダンスをすることにあるのだから。

この文章は、「危険や不安定な状態」に関する深遠な真実を語っている。危険・不安定は「生きていること」の代名詞である。かといって、何か具体的な危険が迫ってきたとき、できるだけ身を護ろうとするのが賢明ではないと言っているのではない。安全性や安心感は、極言すれば、実生活と相反するものだ、と言いたいのである。人々が完全な安全を得る術がないのは、大洋から波を消すことができないのと同じである。

第7章

成功体験はあてにならない

―― 失敗を大切に保存する

高級ロシア料理『仔牛のオルノフ』を
豚の耳で作ろうとしてもうまくいきませんが、
豚の耳を使ったおいしい料理は
ちゃんとあるんですよ。

――ジュリア・チャイルド（料理研究家）

ミシガン州のアナーバー市郊外の空港近く、一風変わった博物館が建っている。あまり目立たないビジネスパークの中にあって、そこを訪れる人々はみな、かつての自分たちの夢が無残にも打ち砕かれてしまったことを思い起こし、痛恨の念に駆られている。

建物の外観は博物館というよりむしろ自動車販売店のように見える。元々は自動車販売店であったのが、二〇〇一年にGｆK・カスタマーリサーチ・ノースアメリカという奇妙な名前の会社が乗り込んできて、現在のように改造したのだそうだ。一般の人で店内に入る者はほとんどいない。

一歩中へ入ってみると、見慣れない風景に目が慣れるまで数分はかかる。訪問者を迎える受付もなければ、案内板もない。従業員の姿すら見かけない。だだっ広い空間にでたらめに商品を配置したスーパーマーケットのようだ。買い物客の都合などまったく考えていない。

通路に沿って並んだ灰色の金属製の棚には、何万個もの食品の包みや家庭用雑貨がでたらめに積み上げられている。一風変わった不協和音の世界にいるように感じるが、間もなくその理由が分かってくる。一商品につき一製品しか陳列されていないからだ。普通のスーパーマーケットなら、同じ形のパスタソースの瓶や、食器洗剤の箱や、缶入り炭酸飲料などがいくつも列になって並べられているのだが、ここはそうでない。

さらにもうひとつ注目すべき点は、普通の店では決して目にすることのできない商品が陳列されていることだ。ここに並んでいるのは、一般市場に売り出されてから数週間、あるいは数カ月経っても、誰一人買い手がつかないのでやむなく引き揚げられた失敗作ばかりなのである。製品デザインを専門とするＧｆＫ・カスタマーリサーチがこの場所を買い取り、市場のおちこぼれ作品を集めて保管しているのである。別名、「失敗作の博物館」と呼ばれている。

そこは消費者資本主義の墓場であり、現代の飽くことなく上昇し続ける成功重点主義の市場文化の暗い側面を象徴する場所といえる。思わず笑いたくなる品物ばかりだが、もし声をあげて笑いでもしようものなら、たちまち、博物館の女館主でＧｆＫ社員のキャロル・シェリーが、口元をキュッと引き締め、メガネの上の眉を吊り上げながら姿を現すだろう。そして上品で控えめな物腰で訪問客をたしなめるのである。

シェリーの仕事は、大枚をはたいてこのＧｆＫの失敗作コレクションを見に訪れるプロのデザイナーや会社の幹部たちに付き添い、それとなく監視することだが、個人的には展示されている製品の一つひとつに強い愛着をもっており、まるで期待はずれの不肖の子どもたちに無限の愛情をそそぐ母親のようである。

ある一二月の明るく晴れた朝、私はシェリーの案内で館内を視察した。彼女は、クリーム色のボディーローションの瓶の前までくると、ふと立ち止まり、悲しそうな顔で愛おしげに言った。

「ちょっと、これを見てください。アッという間に市場から姿を消してしまったんですよ。とんでもないことに、これを使うと真菌感染症にかかると思われたのです」

日本語に「もののあわれ」ということばがある。訳すと「物事のかもし出す哀愁」とでもなるが、無常な生命に心を打たれて感じる哀愁の気持ちを表している。それは、アッという間に過ぎ去っていく時の流れの中で、自らのはかない姿を一段と美しく見せる桜の花や空の雲、それに人の容姿などを指しているのだ。

　この考えの延長線上にシェリーの心情がある。彼女もまた、同じような感傷の持ち主である。彼女に処分をまかされたものには、段ボール箱に詰められたままの「モーニング・バナナ・ジュース」や、大量に売れ残って犬の餌にしかならない「おみくじ入りのクッキー」などがある。しかし、どんな失敗例であっても、彼女の脳裏には、それぞれに関わってきたデザイナーやマーケティング・販売担当者たちの真摯な努力と労苦を偲ばせる悲しい物語が浮かんでくるのである。「おみくじ入りのクッキー」の成功を当てに住宅ローンや車のローンを組み、家族との休日計画まで立てていた当事者たちの姿が、シェリーの心を離れることは決してないだろう。

「この品物を開発した人のことを思うと、本当に可哀想になります」。そう言ってシェリーが指を差したのは、不注意にも麻薬のクラックそっくりに作られた口臭予防の小粒ミントキャンディーだった。「実は、その人に会ったことがあります。彼は裏町でドラッグを売買する麻薬の世界などとはまったく縁がなかったのです。彼のしたことは何一つ間違っていませんでした。ただ一つ、裏町へ出かけていってそこで売られているドラッグと自分の開発した製品が類似していることをなぜチェックしなかったのか、そのことだけが悔やまれるのです」

　彼女は首を振り振り話し続けた。「製品の開発者になるにはとても勇気が要るように私には思えてしかたありません。間違った方向に進み、失敗する可能性は山ほどありますよね。それでも、毎朝早く起き、まじめに全力で取り組んでいる人たち。そしてその結果は……」

　実は、「失敗作の博物館」はそれ自体が偶然の産物なのだ。創立者のロバート・マクマスは、現役を引退したマーケティングの専門家だった。彼がこの建物を買い取ったのは「一般消費財の資料館」を建てようと目論んだからだ。現在のような「失敗作」ばかりを集めた博物館にしようなどとはまったく考えていなかった。

一九六〇年代、マクマスは、市場で目につくあらゆる新商品のサンプルを買い集めていった。もちろん、商品の変質を防ぐために内部に含まれている腐りやすい物質をすべて取り除いてから保管した。ほどなく、ニューヨーク州北部のオフィスに入りきらなくなった収集物は改造した穀物倉庫に移転しなければならなくなった。その後、GfKという会社が収集物のほとんどをそっくりマクマスから買い上げ、ミシガン州へ移した。後日、マクマスがカリフォルニアの自宅から電話で話してくれたが、「ほとんどの製品は不成功に終わる」という真実に、なぜ当初から気がつかなかったのか、残念でしかたないと悔やんでいた。

ある推定値によると、製品が失敗する確率は九〇パーセントにも達しているという。見さかいなく新製品を集めるだけでは倉庫はやがて失敗作でパンクしてしまう、という事実をマクマスははからずも証明したのだ。

「当たり前だが、私は『失敗作の博物館』などと呼ばれるのが好きではなかった。でも、失敗作のコレクションであることは否定しがたい現実だったので、私に残された選択肢はこれらを売却するしかなかったんだ」。この点について、私は、マクマスが正直に自分の心情を語っているとは思わなかった。というのは、世間では彼が「失敗の大物」であるとの評判が立ち、その評判を彼自身が大いに喜んでいたふしが見られるからだ。

マクマスは、初めのうちは講演活動に精を出し、そのうちに米国ケーブルテレビの常連にまでなった。人気トーク番組の司会者デイヴィッド・レターマンまでがマクマスにインタビューを申し込んで、「あなたは『敗者の図書館』と言われているが、一体何が幸せなのですか?」と問いただしている。

マクマスはマーケティングの手引書『What were they thinking?(彼らは何を考えていたのか)』を書き、さまざまな商品の欠点を突っつく楽しみを読者に提供してきた。たとえば、レブロン社の制汗剤「ノー・スウェット」をやり玉にあげている。ちなみに、汗を抑制する製品を売り出すときには「スウェット(汗)」という語句は禁句である。なぜなら、客にひどく不快な印象を与える語句だからだとマクマスは指摘している。

しかしながら、シェリーは、彼女の先輩であるマクマスのこのような態度は軽率だとして、賛同していない。彼女はため息をつきながら言った。「当初は、確かにそうでした。メディアが関心を持ったのは、マクマスが失敗作の博物館の所有者であるという一点でした……しかし、失敗作を所有するというのはそんなに自慢できることでしょうか。むしろ恥ずべきことだと私は思います。残念ですが、人々はほとんどが他人の不幸を指さし楽しんでいます。でも、私はここに置いてあるものすべてに愛着を感じているのです」。確かに、シェリーの言うことは的を射ていた。「わずか一・五パーセントしか灰が含まれていない」と豪語するゴフ社の低灰キャットフードを見たとき、私は本当に笑ってしまった。これは「ネズミの毛がほとんど交じっていない」と銘打ったホットドッグを売り出すようなものだからだ。とはいえ、そのキャットフードにしても、何人かの人が何カ月もの時間を開発に費やしたことは間違いない。彼らが、後になって、当時を振り返り、クスクス笑い出すようであればいいのだが……どうなることやら、誰にもわからない。

いずれにしても、この博物館が立派な営利事業として成り立っているのは、それなりの理由がある。ひと言でいえば、市場のニーズに応え、訪れる人々に強い印象を与えるからであろう。この点について、さらに考察していこう。

一般的に言って、企業の製品開発の担当者は、次に期待される製品の開発に没頭し、過去の失敗例に目を向ける時間も意思もないのが普通の状態である。ましてや、失敗作を収集し保管しておく余裕などないのである。そこで、GfKのコレクションの存在を知り、情報の収集と分析を行うために開発担当のプロを派遣し、経営者自らも視察するのである。

中でも驚いたことに、何年にもわたってこの失敗作の博物館を訪れる製品デザイナーたちの多くは、自社が開発しては断念した製品を見つけ、その再研究に時間を費やしているのである。「大抵はこんな具合に物事が進むのさ」とマクマスは言う。「まず、製品マネージャーがある製品を開発したとする。しかし、期待した結果が出ない。そこで、彼はおそらく、製品のいくつかを自分の寝室の洋服ダンスにしまいこむだろう。感傷的な思い出としてね。そして、最終的に今の会社を辞めていくだろう」。こうして、その製品はマネージャーの洋服ダンス以外には、もはや世界中のどこにも存在しなくなる。

彼が新しい就職先に失敗作品のサンプルを持ち込むなんてことはしないだろう。新職場で過去の失敗をわざわざ思い出す必要などないからだ。仮に元の職場に留まったとしても、いつまでもくよくよとこだわる人はいないだろう。失敗の話題は、関係者を憂鬱な気分にさせるか、悪くすると周囲の人にまで悪影響を与えて次のプロジェクトをだめにする可能性すらあるのだ。

消費財業界のデザイナーやマーケティングの幹部たちのこのような考えや態度は変わらないだろう。そこで、彼らが重宝がるのが「失敗の博物館」なのである。

では一体、どんな会社の幹部連中がしっぽを巻いて自分たちの会社の失敗作を検査しに訪れるのか、具体的に教えてくれないかと、しつこくマクマスに問いただしてみたが、彼はちょっぴり純情ぶってみせて、Pで始まりrocter & Gambleで終わる名前の多国籍企業に勤める人たちだとだけ明かしてくれた。

ただ、彼の記憶に強く残っている一件だとして話してくれたのは、ある製品デザインのチームがやってきて、男女別々の形状のパッドを使った一対のおむつを売る計画を持ちかけてきたが、実は同じ製品のマーケティングが過去に何度も行われ、その都度失敗に終わった経緯があったのである。子どもの両親にとっては、どちらか一方を買えばいいのであって、小売店は、どちらか一方が売り切れにならないように余分な棚を準備しなければならないと言ってぼやくのであった。マクマスはニヤニヤ笑いながら、このデザイナーたちを案内し、件《くだん》の製品がすでに彼ら自身の会社で過去に何度も試みられたものであることを説明したそうである。

失敗はどこにでもある。ただ、われわれはたいてい、その事実に直面することを避けたいと願っているのである。

誰もが失敗から目を背ける

人間は何度も失敗をする、そしてその都度悲惨な思いを味わう。それはポジティブ思考家たちが何としても避けようとすることであるが、**失敗を恐れ、失敗についてなるべく考えないようにしていると、肝心の成功のための要件を見失ってしまう**ことになる。また、失敗への免疫ができないため、いざ失敗した場合に受ける精神的ショックに耐えられない。とにかく、成功例にしか注意を払わないのは大きな問題と言わざるをえない。

しかしながら、現実には周辺のあちこちで起こっている失敗例に、人々は目を開こうとしないのはなぜなのか、奇妙といえば奇妙な話である。『Why Most Things Fail（なぜ、ほとんどのものが失敗するのか）』の著者である経済学者ポール・オーメロッドは、「失敗は集団生活の顕著な特徴である」と述べている。しかしながら、多くの失敗があるからこそ社会は進歩してきたと言える。格好良く言えば、失敗は進化の原動力なのである――しかし、失敗は人々の心に留まることなく次々と消えていく。われわれはこの現実を「生存と適応」の問題としてとらえることができる。裏を返せば「生存しないこと」と「適応しないこと」との問題でもある。おそらくは、今日生存している種の数は、かつて生存したことのあるすべての種の一パーセントにも満たないのではなかろうか？　だとすると、残りの九九パーセント以上が生存と適応に失敗したことになる。

これを個人ベースで言うと、何も悪意で言うのではないが、あなたがどれほど人生で成功しても、最終的には失敗に終わるということなのである。あなたの肉体は衰え、死んでいくのである。
　ことほどさように、失敗は日常茶飯事である。にもかかわらず、心理学者たちも認めているように、人々はその事実をなるべく意識の内に入れないように努めている。極端な場合、失敗のことを考えると心臓がどきどきし、過呼吸や目まいがするなど、心理学上「失敗恐怖症」と呼ばれる症状を覚える人すらいる（もっとも、そういう過激な症状の出る人は少数であるが）。それには理由がある。われわれは自分たちの行動を実際よりはるかに格好良く編集し直してから記憶するという、自然の術を身につけているからである。失敗作を自分の寝室のクローゼットにそっと隠したあの製品マネージャーのように、われわれは誰しも自分の人生をサクセス・ストーリーとして語りたいと願い、そのためにはどんな労苦もいとわないのである。たとえば、「優越の錯覚」という愉快な心理学的現象もその一つである。つまり、自分は上位五〇パーセントには入っているという幻想に取りつかれてしまうのである。

　失敗を直視したくないという人間の心理については、多くのコメンテーターが解説している。「われわれは『もっと科学者に近い考え方』をしなければならない」と主張するのはロバート・マクマスである。彼の言いたいのは、科学者は一度たてた仮説が誤りだったことがその後の検証で明らかになっても気にしない。最終的に真実に到達するのが目的だからだ、というのだ。いや、本当にそう言い切れるのだろうか？　実際は、そんなはずがない、と主張するのは、アイルランド生まれの研究者ケヴィン・ダンバーである。彼は、実際に仕事をしている科学者たちを対象に一連の興味深い調査を行った結果、**科学者といえども失敗を避けたがる他の人々と何ら変わらないことを証明した**のである。

ダンバーは、一流の分子生物学研究所を四つ選び、そこでの科学者たちの作業ぶりを観察することにした。四カ月にわたって、科学者たちとのインタビューをビデオに撮り続け、毎週行われる会議で彼らが発見したことについていろいろと議論する様子を記録した。そこでダンバーが最初に気づいたのは、研究者たちがのべつまくなしに失敗に遭遇している事実だった。実験の工程に欠陥があるのか、前提条件が不備なのか、その理由が何であれ、得られた結果はそれまで正しいと信じて目指してきた結論とかみあわないのだ。興味深いのは、これら失敗の氾濫する中で研究者たちがどのように反応しているか、についての調査である。

神経科学についての著書を多数書いているジョナ・レーラーにダンバーが語ったところによると、研究者たちの反応は予測可能な順番で起こるという。最初に、自分たちの実験方法あるいは実験技術のせいにする――たとえば計測器具が故障していたからに違いないとか、研究者自身のつまらないミスのせいだろうとか考えるのである。もし問題がそれほど簡単に説明のつかない場合、研究者は変則性を排除するため実験をやり直すだろう。時には、何度も繰り返すこともあるだろう。それでもうまくいかない場合、その実験をあっさりあきらめてしまうことが多い。研究所はどこも忙しい場所である。科学者たちはいつも過労状態にある。今まで行ってきた研究よりもはるかに可能性の高い研究がいくつもある。そこで、研究者たちは、次にどの研究に注力しようか、決めなければならない。彼らは今や説明のつかない実験結果などにくよくよすることなく、将来の成功に向けて努力を集中しようとする。そんな研究者たちの姿を、ケヴィン・ダンバーは現実に目にしたのである。

ちなみに、ダンバーは脳画像を活用して、複雑な脳組織の一部である背外側前頭前皮質（DLPFC）を観察している。DLPFCというのは、無関係あるいは無用の情報を意識的に選別する働きをする部分で、たとえば騒がしいパーティーで一つの会話に集中したいときなどに欠かせない機能を果たしている（DLPFC障害のある人にはこのような集中力が働きにくくなる）。しかし、同じようなフィルター機能が突然無意識に働くことがある。自分の期待を裏切るような情報に接したときなどである（たとえ、その情報がまるで見当違いではなかったとしても）。ダンバーはある実験で、物理学専攻の学生たちに一つのビデオを見せた。そのビデオにはサイズの異なる二つの物体が塔のてっぺんから落とされる様子が映っていた。それは重力の法則に反して、異なるスピードで落下していくかのように見えた。物理学専攻の学生なら、そんなことが起こり得ないことはよく知っているはずだった。そこで、彼らのDLPFCがひらめいたのだ——重力の法則など知らない観客よりもずっと激しく働いたのである。物理学専攻の学生たちの脳は、彼らにとって望ましくないか、明らかに説明不能な情報に敏感に反応し、それを意識から消し去ろうと努めたのだ。

生存者バイアスの罠

　ここで再び「失敗作の博物館」に話を戻そう。この博物館の棚にたくさんの失敗作が並べられているのも、結局は自分の失敗作との対面をいやがる製作者の気持ちにその原因があることは想像に難くない。いずれの製品も、当初は関係者が集まり協議を重ねて作られたもので、それが最終的に失敗するなどとは誰も考えなかったはずだ。仮に誰かが、製品の失敗を予期したとしても、それをあえて話題にしようとはしなかっただろう。

　また、ロバート・マクマスが言うには、仮に失敗しそうな製品が見つかれば、マーケティング責任者は、やっきになって、その製品により多くの資金をつぎ込もうとするのが一般的な風潮だそうだ。マーケティングに十分な費用をかけることによって多少でも販売量を伸ばしたいという思惑が働き、そうすることで会社を全面的屈辱から守ることができると錯覚しているからだ、という。マクマスはその著書『彼らは何を考えていたのか』の中で、次のように述べている。失敗がようやく現実化しそうなころには、「会社の幹部連中は他の部門へ昇進するか、他の会社に引き抜かれている可能性が高い」。このように、失敗に真摯に向き合おうとしない社会のシステムや風潮がある限り、多額の資金が失敗作に投入され、その一方で失敗の原因を究明しようとする努力はほとんどなされないのである。失敗作の関係者たちも自分たちのした失敗についてなるべく考えたりしゃべったりしないようにし、互いに秘密を守るように共謀し合っているのである。

このように、**自らの失敗であれ、他人の失敗であれ、とにかく失敗することについて深く考えたり、分析したりしようとしないのが一般の風潮**である。しかし、これは多くの場合、重大な問題を引き起こす原因ともなっているのである。まず一つには、成功する人、あるいは成功した人について間違った認識を抱いてしまうことである。数年前のこと、オックスフォード大学出身の経営理論学者のジャーカー・デンレルは故国スウェーデンのストックホルムで開かれた学術会議に出席し、眠気を催す退屈なスピーチに耳を傾けていた。演壇上では同僚の研究者が熱弁をふるっていた。内容は、大成功をおさめた企業家たちの特性についてである。ケーススタディーの結果、大成功者たちには二つの特性が見られるという。一つは、どんな逆境にあっても耐え忍ぶ強い意志を持っていること、もう一つは他の人たちを説得し従わせるに十分なカリスマ性を持っていることであるという。いずれも、うんざりするほど聞き飽きた話ではないか！　聴衆の誰もがウトウトし始めてもおかしくなかった。しかし、デンレルは注意を凝らして仲間の演説を聴いていた。

確かに彼の言うとおり、成功する企業家が十分な忍耐力と指導力を備えているのは間違いないだろう。しかし、彼のスピーチには重大な欠陥があった。つまり、成功しなかった人たちはどうだったのか、という疑問に答えていないのである。成功を逃した人たちもまた、成功した人たちと同じように忍耐力と指導力を持っていたのではないのか？　「考えてもごらんなさい。膨大な損失を被った人には、屈辱に耐える忍耐力はもちろん、他人を説得して大金を投資させるカリスマ性も必要だったのですよ」と、デンレルは語った。言い換えると、大成功した人たちも、大失敗した人たちも、実際には互いによく似た性格を持っていたのではないだろうか。両者の唯一の違いは、成功の原因だけを追求する経営学者やマスコミの関心度の違いにある。大失敗者がインタビューを受ける機会はきわめて少ない。彼らは、結局のところ失敗者なのであり、仮に研究者が彼らにインタビューしたいと思っても——そういうことは、概して起こりっこないが——あまりにも多数の失敗者を対象にどのようにして調査を進めるのか、はなはだ疑問なのである。成功は一般に公開される。有名人になることは、多くの人々が考えている成功の一つである。これに対し失敗は、当初はなばなしい様相を呈することもあるが、失敗者のほとんどは人目につかずひっそりと暮らしているのである。

この問題は、「生存者バイアス」として、学界だけでなく一般にもよく知られている。われわれはある意味で本能的にそれを理解している。典型例がギャンブルである。たとえば、ルーレットで勝ち続けたとしても、ルーレット盤の動き具合を予測する能力が身についたなどとは思わないはずだ。ルーレットは運まかせである。時にはツキが続くこともあろうが、不運が続くことの方が多いことも、よく理解しているのである。にもかかわらず、われわれが日常話題にする成功話となると、対照的な失敗サンプルは過少評価されるか、無視されるか、相いれないものとして排除されてしまうのである。ストックホルムでの学術会議で聞いたスピーチはその明白な事例であるが、他にも数えきれないほど例がある。

アメリカの研究者トマス・スタンリーのベストセラー『となりの億万長者』（早川書房）をとり上げよう。この本は、億万長者の持つ特徴的性格をさまざまに研究して書いたものだと言われている。著者がいう億万長者とは、節度ある意欲を持ち、世慣れており（必ずしも知的でなくてもよい）、徹底した倹約家だそうだ。本書は現代アメリカで広く信じられてきた神話の一つを打ち壊した、と出版社は主張している。つまり、従来の富裕層とは、高等教育を受け、親の莫大な遺産を引き継ぎ、それを湯水のごとく浪費できる恵まれた人たちであったが、そういう神話を否定した新しい富裕層を描いたのである。この本が終始一貫して主張しているのは——本書が商業的に成功するための説明であることも間違いないが——「もしあなたが節度を保ち、世慣れており、倹約家であるならば、あなたも巨万の富を築くことができる」という点である。しかし、これも「生存者バイアス」の一つであることを考えれば、物事が必ずしもそんな風に進まないことは明らかである。億万長者になろうと努力したがなれなかった人たちや、誰からも注目されなかった人たちの性格や特徴を研究するのにスタンリーが時間を費やしたとは思えない（ただし、公平のために言うと、財産を築くのに成功したがそれを維持することのできなかった人たちの話には言及している）。したがって、倹約や節度、その他類似の特性が億万長者になるための処方箋だと言いきる根拠はどこにもないのである。同じように倹約家で節度があっても億万長者の影さえ踏めない人がたくさんいるのだ。

「たとえば、成功した経営者について考えてみましょう。彼らは、例外なく毎朝歯を磨いているじゃないですか。でも、歯を磨くことが成功するチーフエグゼクティブの特性だとは思わないでしょう。だって、誰だって歯を磨くじゃないですか。あなただって！　だから、彼らが歯を磨くなんてことは、お話にもならないでしょう」とデンレルは語った。「でもそうは言っても、あなた自身があまり経験しないような特質を彼らが持っているのではないか、と想像しているのではありませんか？　そして、その特質が彼らの成功を物語る大切なもののように見えるでしょうね」

「生存者バイアス」を考えることによってさらに別の疑問が湧いてくる。それは、成功者が自らの成功について語り、同時に信じ切っているストーリー、つまり自叙伝についての疑問である。書店の棚にはさまざまな自叙伝本が並んでいる。たとえば、イギリスの億万長者として知られる出版業者、フェリックス・デニスが二〇〇六年に発売した『本物の大富豪が教える金持ちになるためのすべて』（文響社）という本について述べてみよう。もっとも、デニスの本は、他の類似の本ほども極端に悩ましい内容ではない。というのは、彼には七億ポンドもの資産がありながら、読者に不快感や敵意を持たせないだけのユーモアのセンスがあるからだろう。カリブ海で休日をとり、ヨットを楽しみ、ミシュランの星マークの付いたレストランで豪華な食事をしても、そんなライフスタイルをつつみ隠すことなく正直に語っているのが、読者に新鮮な印象を与えている。とはいえ、彼の自慢話の底には他の類似本と同じような考えが流れているのも事実である。つまり、一財産を築くには頑固一徹でなければならないとか、他人に何と思われようと気にしてはならないとか、どんなに危険なことでもあえてやってみる意思を持っていなければならない、などと主張しているのである。デニスは、自分の成功はこれらの優れた資質のおかげであると、言いたいようである。これに対し、ジャーカー・デンレルなら次のように反論するだろう。どうして、そんなことがデニス自身に分かるというのか？　彼は明らかに一つの人生しか歩んでいない。比較対照するための他の種類の人生、極端な場合、財政的に破たんした人生など経験していないではないか？　デニスと同様に頑迷で、厚顔で、大胆だった人がおそらくは何千人もいただろう。にもかかわらず、彼らは何の成果も挙げられなかったではないか、と。

いや、ちょっと待って！　ことによると、デニスの成功は単なるマグレだったのかもしれない。あるいは、まったく別の原因によるものだったのかもしれない。その結果、実際にはその頑なさや冒険好きな性格にもかかわらず成功できたのかもしれない。

リスクをいとわないデニスの姿勢からは、別の興味深い問題が見えてくる。それは、失敗に挑戦しようという意思そのものが「生存者バイアス」として過大評価されることにある。たとえば、イギリスの実業家リチャード・ブランソンは次のような訓示を垂れている。「失敗を恐れないことは、チャンピオンになるための最も重要な資質の一つである、とわたしは信じている」。彼の言い分は正しいかもしれない。だが、ここでも、やはり、失敗を恐れなかったために実際に失敗を犯してしまった人たちの物語は一切語られていないのである。失敗に挑戦しようとする意思は、必ずしも成功することには繋がるものではない。代わりに言えることは、デンレルが指摘するように、**失敗を大切に受けとめようとする意思さえあれば、あえて大きなリスクを取ってでも大成功と大失敗の両方に密接にからんでいくことができる**、ということなのである。ちなみに、ここでいう「大きなリスク」とは、物事がうまく運ばない可能性が明らかに見えてくる状況を指すのである。

経済動向の予測をしているアナリストの中には、デニスと同傾向の人たちがいる。読者をアッと思わせる極端な予測記事を書く連中である。彼らは驚くほど的を射ていることがあるが、同様に驚くほど的はずれに終わってしまうことも多い。その予測が結果的に実証されると、マスコミは大騒ぎしてほめそやすが、そうでない場合は誰も追及しないのである。もしあなたが何かに投資しようと考えているなら、このようなアナリストの言うことは安易に信じないことだ。

失敗への寛大さがもたらすもの

ここで、ちょうどいい機会だから、〝毛じらみ〟の話をしておこう。私がもらったのはたった一匹だったがとても大きいやつだった。二〇〇一年二月、ロンドン東部のグリニッジにあるミレニアム・ドームへ行ったときのことだった。そこは、二〇〇〇年の夜明けまではイギリスの伝説的な記念建造物として知られていたが、次々とおしよせる失敗の連続で一躍有名になった。財政破たん、訪問客数の不振、関わった著名な政治家の失脚などで悪名をとどろかせたのである。二〇〇〇年に三六五メートル幅の大テントを占拠して開かれた博覧会「ミレニアム・エクスペリエンス」は、翌二〇〇一年の前半に幕を下ろさねばならなかった。実質的に破産した運営会社が少しでも損失を取り戻そうとして、展示されていた品物はすべて競売にかけられた。私は、新聞記者としてその競売現場の視察に派遣された。取材していて何か面白いものがあれば買うようにと、会社のボスはポケットマネーから一〇〇ポンドの現金をくれた。ドームはテーマごとに一四のゾーンに分かれていた。ボディー（身体）、マインド（精神）、フェイス（信仰）、ワーク（仕事）、プレイ（遊び）などである。ボディーのゾーンには巨大な人体のレプリカが置いてあって――「自由の女神」よりも大きいとのことであった――その中を訪問者が通り抜けていた（もっとも、そんなに多くの人が通り抜けたわけではないが）。このレプリカを制作したデザイナーの意図は、主題の「人体」が持っている受け入れ難い不快な現実にもたじろぐことのない大胆さを誇示することにあり、そのため機械的に動く人工の毛じらみが数匹とり付けてあった。私は、手持ちの一〇〇ポンドを使ってその一匹を買った。残りの毛じらみは、サリー州の骨董屋が買っていった。このしらみを使って女房や子どもたちを怖がらせるのだ、と言っていた。人にはそれぞれに変わった趣味があるものだ、と思った。

ジェフという名のドーム従業員がやってきて、保管室から毛じらみを取り出すのを手伝ってくれた。「ちょっぴり悲しいですよ」と言う言葉には実感がこもっていた。「いつも、こいつと一緒に仕事をしていたのですから……」。私は、言われるままに、毛じらみを作業机まで持っていくと、別の従業員がそれを取り上げ、代わりに一枚の紙切れをくれた。彼女の説明によると、オークションが終わるまでの数日間は現場から持ちだせないとのことだった。規則は規則である。私は物想いに沈みながら、毛じらみを持たずにオフィスに戻った。オークションは、結局のところドームの催しが失敗に終わったことを公式に認めるようなものだった。それはある長編物語の終幕を告げるのにふさわしい催しだといえる。悲しいけれどもどこかおかしみがあり、何よりもその場面によく似合っていた。このドームの悲話をもっとも適切に表現し記録したのは、催事会場や遊園地の設計の専門家ダン・ハワードだろう。彼は『Dome and Domer（ドームとドーマー）』というタイトルの研究論文で次のように述べている。

ミレニアム・ドームが博覧会史上もっとも大規模で華々しい失敗に終わることは、開演当初から明らかだった。マスコミにも一般大衆にもまったく人気がなかった。アクセスが悪い上、構想が貧弱で、計画は不十分、運営もまずく、概して活気がなかった。にもかかわらず、大量の資金がドームの建設・運営に使われ、次々と起こる大失策をカバーすべくさらに多くの資金がつぎ込まれた。そのため、労働党政権で首相になったトニー・ブレアの立場はきわめて不安定になり、他の労働党幹部たちの経歴もずたずたに切り裂かれていった。ミレニアム・ドームの物語は、うっかりミス、まずい設計、過剰な自信、愚かな考え、強欲、汚職などの入り混じった話である――だが、何よりも哀れなのは、濡れそぼって突っ立っている巨人のような物語だからだろう。

これらの失敗例をいちいちあげつらう必要はないが、よく知られている一例を挙げると、一九九九年元日の前夜に行われたドーム開幕式典での出来事がある。ドームが準備した金属探知機の絶対数があきれるほど不足していたため、何千人もの招待客が、寒い屋外で何時間も震えながら待たされたのである。しかもその夜、爆弾を設置したという脅迫電話があり、ドームの建物内にいる全員がすんでのところで退避させられそうになったという。さらに夜が更けてからは、展示中のダイヤモンド（世界で二番目に大きい無傷のダイヤモンド）を盗もうとした窃盗団が掘削機具を使ってドームに侵入した。結果は、事前情報を得ていた警察が偽のダイヤモンドを陳列して犯人を待ち受けていたため、未遂に終わったという事件も発生した。

ドームは、それよりも前から多くの問題を抱えていた。千年祭が近づくにつれてプロジェクトのベテラン担当者やコンサルタントが次々と辞めていったからだ。最高責任者も何人かが辞任を余儀なくされた。そのうちの一人が、後日、国会の委員会で述べたところによると、紀元二〇〇〇年が迫ってくると、ドームの最高責任者は神経衰弱の状態になり、何人ものカウンセラーを雇わざるを得なかったそうだ。ドームはとても巨大なプロジェクトで、その規模はロンドンの二階建てバスを一万八〇〇〇台も運営維持できるほどだったと言われた。そもそも八億ポンド（約一六〇〇億円）もの大金をプロジェクトにつぎ込むくらいなら、二階建てバスを大量に発注する方がよほどましだ、というのが評論家の間で一致した意見であった。

このミレニアム・ドームはこれ以上ないほどの失敗作だったといえる。なのに、この大失敗は英国の人々の心を互いに強く結び付ける偉大な力を発揮したのである。オークション会場の雰囲気は驚くほど陽気であった。そこには、他人の不幸を喜ぶジャーナリストたちの姿だけでなく、不運の中でも一生懸命に頑張る人々に対しその労を心から慈しむ一般大衆の愛情あふれる態度が見られたのである。この一般大衆の寛容な態度はドームが生まれて以来、ずっと変わらず続いてきたものだ。

「これは国民的惨事が残した置き土産だ。これこそ、まさに英国的といえる。そうじゃないかね」と、オークションの参加者の一人が私に語った。

オークションが終わってから数カ月、空き家になったドームの将来をどうするかについて政治家や批評家たちがさまざまに議論をしていたとき、失敗に対する英国人のほろ苦い愛着心をとりあげ、上手に説明したのがコラムニストのロス・カワードである。それは、他人の不幸を喜ぶというのではなく、自分自身が失敗の当事者の一人であると自覚すること、つまりドームという大失敗をやらかした英国民の一人であることに誇りを持つという、つむじ曲がりな自尊心と言えなくもない。

ドームには「大惨事」という立派なブランド名が付けられた。この壮大なできそこないを何とかしてくれ、と大声で叫んでいるようだ。大混乱と誇大広告、さまざまな娯楽施設を揃えて演じたあのバカ騒ぎを象徴しているともいえる……しかし、いつの間にかわれわれはあの大嫌いだった建物にも愛着を感じるようになり、あの採算を無視して破たんしたバカバカしいばかりの娯楽施設の数々も懐かしく思い出されるのである。そこには、何かしら英国人独特の個性と通じ合うものが感じられる。われわれ英国人はどんな災害に遭っても打たれ強い国民だ。事情がどんなに悪化しても、物事を深刻に考えすぎることはしないし、大喜びすることもないからだ。このドームは、英国の将来を占うカギである。大惨事と愚行の博物館として、不幸な運命をたどった事業と事件の歴史を刻むことになろう。(ロス・カワード著「Wonderful, Foolish Dome」二〇〇一年三月一二日付『ガーディアン』紙)

ロス・カワードの言うとおりにならなかったのは、言うまでもない。今日、ドームは「02アリーナ」に生まれ変わり、コンサート会場として、時にはスタジアム規模の自己啓発セミナーの会場としても利用されているのである。

オークションが終わって数日後、私は再度グリニッジを訪れたが例の毛じらみなどどこにも置いていなかった。私と一緒に探してくれたドームの従業員は、申し訳なさそうな顔をしたが、特に驚いたようすでもなかった。競売品の販売という最後の締めくくり段階でも、ドームは失敗をやらかしたのである。その後数年間、ドームの後始末を任されているプライスウォーターハウス・クーパーズから時折手紙を受け取ったが、それによると、おそらく大口の債権者への弁償が終わったら、私が新聞社に代わって支払った一〇〇ポンドの払い戻しを受けることができるかもしれないとのことだった。

だが、未だに受け取っていない。

カワードが言ったように、失敗に対する愛憎半ばする気持ちは、英国人が好んで英国的だと考える特徴のひとつである。われわれ英国人は、南極一番乗りの冒険に失敗して命を落としたキャプテン・スコットを称賛し、ダンケルク撤退作戦を決行したときの精神をその後の勝利の喜び以上に大切にする。

英国人ジャーナリストのステファン・パイルは、ベストセラー『The Book of Heroic Failures（大失敗の本）』で次のように述べている。「成功について書いた多くの驚愕すべき本の著者たちに対し、わたしはここに本書を献呈するものである。本書もまた驚愕に値する本であるが、いかに無能な人間でも生きていく上で何ら支障がないことを語っているのである。なぜなら、わたし自身がそうであるし、わたしの知っている誰もが等しく無能だからである」

アメリカ人には成功志向型が多い。彼らの目から見れば、過去の失敗についてくよくよ考えるのは、過ぎ去った栄光を忘れられないヨーロッパ人に共通の奇行奇癖のように見えるのだろう。「アメリカ人は、自分の失敗についてあれこれ思いをめぐらすことなど特にしません」と言うのはジャーナリストのニール・シュタインベルグである。「確かにヨーロッパでは盛んに行われていますがね。ヨーロッパの国はどの国も、いつの時代か、黄金の全盛期を迎え、大国の地位を確保した時代がありますよね。そして大量に貯めた富を使って巨大な宮殿を金箔で覆ったり、ファベールジェの卵をダース単位で注文したりして浪費してきましたよね。イングランドは大英帝国を築き、スペインは無敵艦隊を擁し、フランスではナポレオンが君臨し、ドイツは言葉にならないほどの全盛期を経験しました。ベルギーでさえ栄光の時代がありました――もっとも、シャルル［ブルゴーニュ公］が亡くなった一四七七年以降は、それ以前と同じだったとは言えませんがね。しかし、今日、これらの国民が過去の栄光に繋がるには、彼らが過去を想い起こし、その時代の偉大さを苦々しい思いで反省するしか方法がありませんからね。ヨーロッパには、たくさんのパブや屋外カフェがある理由がおわかりでしょう」

しかし、「失敗に対する寛大さ」を単なる国民性あるいは文化的現象の一つとして片付けるわけにはいかない。失敗は、われわれのテーマである幸福への「ネガティブな道」を探る上で考察しなければならない重要課題であるからだ。

失敗にはあっけらかんとした正直さがある。成功したときにはあり得ない現実との厳しい対決が待っているからだ。仮に何か印象的なことに成功したとする。あなたは他人とは違うことを意識し、他人との間に一種の壁をもうけてしまう。しかし、失敗は既存の壁をすべて崩してしまう。「失敗には負けない」などと強がっていた人も、実際に失敗するともろくも防御壁が崩れ去るのを経験する。誇大妄想の人間は実物大に戻るのである。

このように失敗は人間の脆弱性を暴露するが、大切なことは、人々の間に共感と共同意識を生じさせることである。あのドームを運営していた人たちは絶えず不安定な情緒に悩まされていたが、そんな人たちに、あなたは多かれ少なかれ連帯感を覚えましたか？と質問すると、「当然、それどころか大いに感銘しました」と答えるだろう。もしあのドームが輝かしい成功をおさめていたら、私のような記者が従業員と親しく対話することなど考えられないだろう。彼らは絶えずピリピリと神経をとがらし、用心深くて、マスコミとの接触はブランドイメージを引き立てるとき以外は禁じられていただろう。

外科医の衣装を着た四体の等身大のマネキンは、最終的に三二〇ポンドで売却されることになっていた。しかしその警護をしていた従業員は言った。「心理学的見地からは、わたしたちのとった措置は健全だったと思いますよ。だって、わたしたちは葬式を催し、死体を土に埋め、最後に悲しみに涙を流しましたもの」。失敗は救済でもある。思っていることをはっきり口にすることができるのだから。

それにしても、このような姿勢を自分自身の失敗に適用することは、ことのほか難しいものである。クリストファー・カエスが「ゴーロディシー」という言葉で表現したように、一度立てた目標が自意識の一部となり、その目標達成に失敗すると自責の念に耐えられなくなることがしばしばあるからである。あるいは、臨床心理学者のアルバート・エリスが認めているように、われわれは常に望ましい結果を期待しているが、いつの間にかそれを至上の目標に格上げしてしまい、達成できないとなると悲嘆にくれることが多い。たとえば、幸せな結婚をするとか、充実した仕事に就くとか、などである。

このような逆効果が如実にあらわれるのは、完璧主義においてである。完璧主義というのは誰もがひそかに、あるいは半ば公然と誇りに思っている特性のひとつである。それが性格的欠陥であるとは、どうしても考えられない。しかしながら、この**完璧主義の根底にあるのは、ある種の恐怖に駆られて何としても失敗を避けようと奮闘する**ことなのである。極端な場合、たえずストレスを感じて心身共にくたくたになりかねない。完璧主義と自殺との相関関係は、絶望や失望と自殺の相関関係よりも大きい、という研究結果もある。

失敗は幸福への「ネガティブな道」での中核的概念である。**失敗を知性で理解するだけでなく、**

失敗を自分の一部として心の底で受け入れることが大切である。失敗を単に成功への踏み石として考えるのではなく、いかなる失敗もすべてそのまま受け入れるとなれば、完璧主義者のように足を踏み外すまいと緊張する必要などまったくなくなる。それはリラックスすることでもある。アメリカ人の禅僧、ナタリー・ゴールドバーグは次のように述べている。「人々は、失墜して地に落ちると、光沢をなくした物事のあるがままの本質に直面せざるを得なくなる。成功は永遠に続くことなく、時間はどんどん過ぎていく。物事を成し遂げることで人は強くなり、どんなことにも打ち負けないと信じて、次々と求めようとする。(だが、あるがままの現実を見て感じるのは) われわれはいずれ失墜しなければならず、失墜してはじめて正真正銘の自分になれることである。禅の教えは深いところから発せられる。禅でいう失敗は普通の失敗とは違い、限りない降伏を意味する。執着するものは何もなく、失うものものもないのである」

戦略としての失敗

幸いにも、われわれは、上記のように高尚な仏教の啓蒙を受けなくても、失敗について考察を進めていくことができる。スタンフォード大学の心理学者、キャロル・ドウェックによると、われわれの失敗体験は人によってさまざまに異なり、一概に論ずることはできない。しかし、違いの主な部分は自分自身の才能について抱いている潜在意識に左右される場合が多いという。そして、この潜在意識はある程度まで自由に変更することができる、ともいう。

われわれ一人ひとりは連続したつながりのどこかに位置している、とドウェックは言う。ただし、その位置は自分の才能についての、あるいはその才能の由来についての、無意識の考え――あるいは暗黙の姿勢によって違ってくる。「固定理論」を持っている人は、能力とは内的なものだと考えている。「増分理論」の人は、能力は挑戦と勤勉によって進化するものと信じている。「固定理論」の人たちはあえて挑戦を試みようとしない。挑戦するのは、自分の内なる能力を誇示する機会がある場合だけである。彼らは失敗することに特別な恐怖心を抱いている。もし失敗すれば、自分たちの信じる優れた能力が基準に達していないことを暴露することになるからである。その古典的な例として、一人の若いスポーツの花形選手を挙げることができる。彼は自分が「自然体」だと自他ともに思っている。ところが、その潜在能力を発揮するのに必要な訓練を十分に行わないとする。もし彼の能力が内的に備わっているのであれば、たとえ訓練不足でも心配する必要はないではないか――彼はそのように無意識に判断してしまうのである。

「増分理論」の人たちは、そうは思わない。人間の能力は課題への挑戦を通じて発揮されるものと考えているので、失敗体験はまったく違った意味を持ってくる。その証拠に、彼らは自己能力を限界まで伸ばそうとするのである。限界に達しない挑戦は、実力の範囲内なので失敗することがないからだ。一例を示すと、ウェイト・トレーニングである。筋肉を強化するには、現在の筋肉の能力を限度いっぱいまで鍛えねばならない。その間、筋繊維が裂けることがあっても、再び治癒するので心配ない。重量挙げ選手にとって、「いくら訓練しても失敗ばかりする」ことは敗北を認めるものではない。それは、一種の戦略なのである。

幸いなことに、ドゥエックの研究はわれわれにいずれか一方の考え方を選び、それを一生持ち続けなさいと言っているのではない。ちょっとややこしい言い方になるが、連続線上の「固定的」な考え方はそれ自体が固定的ではなく、「増分的」な考えに向けて移動することができるのである。「固定」と「増分」の違いを示されるだけで、自分の将来の見通しを変える人もかなりいる。

失敗をやらかしたとき、事態を固定的に考える代わりに、次のように思い起こすのも一考に値するのではないだろうか。たとえば、次回、試験に落第したり、社会情勢への対応を誤ったりしたときは、たまたま現在の能力の限界に挑戦したために失敗したのであり、長い目で見れば能力改善につながっている、と考えるのである。

もしあなたが子どもたちに固定的な未来予想よりも増分的な未来予想を薦めたいときは、子どもたちの知的能力よりも彼らが払った努力をほめてやりなさい、とドゥエックは忠告する。子どもたちに対し、努力よりも知的能力に焦点をあてさせることは、固定的な考え方を増幅し、子どもたちは将来失敗するかもしれないリスクを取ろうとしなくなるだろう、という。これに対し、増分的な考え方は子どもたちを成功に導く、という。しかしながら、それにはもっと深い意味があることに注目するべきである。**増分的な見とおしを持つことは、たとえ特に目立った成功に終わらないとしても、他の何よりもずっと幸せな方法なのだ。なぜなら、それは完璧主義がもたらすストレスと疲労からわれわれを解放してくれるからである。**増分的な考えと幸福な生活とはウィン・ウィンの関係にある。唯一の前提条件は、失敗体験を心から受け入れることである。

面白いことに、失敗をこのように理解する傾向は、ずっと昔にもあったらしい。歴史家スコット・サンデージによると、一九世紀以前には個人に対して「失敗」という言葉が適用された例がほとんどない、という。政界に出るとか、会社を始めるといった企てには常に失敗の可能性がつきまとうが、その背後にいる当事者の個人に対して世間は「失敗をした」という評価をすることがあっても、当人を「失敗そのもの」ときめつけることはしなかった。確かに、失敗当事者は気が滅入り、時にはパニック状態にもなりかねない。しかし、それは本人の人格や人生までが全面的かつ絶対的に否定され非難されていることにはならなかったのである。

あの魅力いっぱいの著書『「負け組」のアメリカ史──アメリカンドリームを支えた失敗者たち』（青土社）を著わしたサンデージは、「生存者バイアス」をめぐって、それまでになかった新しい考え方を打ち出そうとしていた。従来、この「生存者バイアス」というのは成功物語だけを間違いなく歴史の記録に残す働きをしてきたのだが、サンデージは賢明にも、一八〇〇年代後半に石油王ジョン・D・ロックフェラーに宛てて書かれた陳情書の数々を利用してみようと思いたったのである。

資料をあれやこれやと研究していくうちに、サンデージがつらつら感じていた予感が具体的に固まってきた。それは、当時の起業家精神にあふれた資本主義の発展の中で、人間は「失敗そのもの」になり得るという考えなのである。この考えを展開していく上で極めて重要な働きをしたのが信用格付け機関の出現である。信用格付け機関の役割は、銀行から借り入れをしたいと考えている人たちの個人的信用度を判断し、銀行が貸し出しをすることによって負うリスクの程度を判定することである。ビジネスがますます幅を利かせる社会においては、個人的信用度が低いことはすなわち本人の全人格が非難ないし糾弾されるべきであると裁定されたことであり、それがそのままあまりにも安易に認められてしまう。

失敗はもともと人生行路の途中にある凹凸にすぎなかったのが、今や「話の終了」場所になってしまった。一九世紀中ごろから、人々は失敗を「単に人生の筋書きを増やす社会の大変動と考えるのではなく、人生を完全に停止させるものと考え始めた。なぜなら、失敗者は自らの将来を考える力すらなくしてしまうからである」と、サンデージは述べている。

要するに、失敗は一種の「死」とみなされてしまうのである。しかし、ナタリー・ゴールドバーグのように「失敗を積極的に受容しなさい」と熱心に説く人たちの言い分は、これとは正反対である。失敗することは、何よりも明るく、粋で、生きている実感を敏感に体験するための道程である、と言う。

しかし、ゴールドバーグほど極端ではないにせよ、失敗を容認しながら普通に成功した人たちがいる。その一人がJ・K・ローリングだ。世紀のベストセラー小説『ハリー・ポッター』の著者である。彼女は二〇〇八年、ハーバード大学の卒業式で、今では有名な「失敗」についてのスピーチを行っている。もし、失敗の後に今のような輝かしい成功が続かなかったら、ローリングは失敗についてどう思っているだろうか。今では確かめようがないが、たとえそのまま無名で貧しく、独創力も十分に発揮されない状態が続いたとしても、彼女は失敗についての考え方を変えなかっただろうと思われる。彼女のスピーチはそれほど印象的だった。その一言一句は、多くのストア派哲学者や仏教徒、その他、ネガティィビティ（悲観性向）の恩恵を信じる人々の洞察力と大いに共鳴するものだった。以下にそのスピーチを引用して、この章を閉じたい。

卒業からわずか七年しか経っていないのに、わたしは常識では考えられない並はずれた規模の失敗を体験したといえるでしょう。ことのほか短かった結婚生活に敗れ、仕事を失い、片親で子どもを育てていました。ホームレスにでもならない限り現代英国に住めないほど貧しい生活を送っていました。わたしの両親が恐れ、わたし自身も恐れていた事態になったのです。わたしが知っている限り、わたしほどの失敗者はいませんでした。

この演壇で、失敗はおもしろいなどと申し上げるつもりはありません。当時は真っ暗闇の人生でした。マスコミの表現を借りると「やがて、おとぎ話のように解決される」などとは、想像もしていませんでした。このトンネルがどこまで続くのか、まったくわかりませんでした……ですから、どうしてわたしが失敗のご利益について話せるというのでしょう？　簡単に言って、失敗はわたしから重要でないものをすべて奪い取ってしまいました。わたしは自分以外の何者かであるように装うのをやめました。そして、自分にとって重要な仕事にだけエネルギーをそそぐようにしました。わたしは自由の身になりました。なぜなら、わたしは最大の恐怖を実感し、それでもまだ生きているからです。（失敗は）心の中に安心感をもたらしてくれます。いかなるテストに合格しても得ることのできない安心感です……このようにして得た知識は真の贈り物です。もっとも、ずいぶん苦労して得た知識ですがね。それはわたしが今までに得たどんな資格よりも有用なのです。

第 8 章

「死の運命」との付き合い方

——メキシコの伝統「メメント・モリ」の精神

もし人生をもういちどやりなおせるとしたら、
ぼくは死というものを毎晩考えてみる習慣をつけるね。
いわば、死を忘れない訓練をするわけですよ……
たえず死を感じていなければ人生は味気ないよ。

——ミュリエル・スパーク著『死を忘れるな』より
（氷川玲二訳、白水社）

古代インドの長編叙事詩『マハーバーラタ』には、二〇万行にもわたるスピリチュアルな物語が綴られている。その中の一節に、とある湖畔で武将ユディシュティラが自然の精霊から「生きていること」について質問されている場面が描かれている。「この世でもっとも不可思議なことは何か？」と問う精霊に対して、ユディシュティラは次の有名なセリフで答えた。

「この世でいちばん不可思議なのは、毎日無数の生き物が死の床へ赴くにもかかわらず、人間だけは自分たちが不死身であると思っていることです」

「不可思議」とはうまく言ったものだ。人はある考えや感情を心から追い払おうとする場合、単にそれを思い出さないように努めるだけではうまくいかないことは、われわれが日常生活で繰り返し経験している。ダニエル・ウェグナーのシロクマの実験（18ページ参照）が示しているように、それが心に浮かばないように努めれば努めるほど、逆にイメージが膨らんでいくことが多い。だから、何か考えたくないことがあるときは、最悪のシナリオを心に描くといい、といわれる理由もそこにある。

ところが、ユディシュティラが「不可思議」と表現したように、人間は生と死、つまり「死の運命」について考えるとき、この「シロクマのルール」は当てはまらないようだ。「死」はどこにでも見かける現象であり、誰も避けることができない。しかも、死ほど恐ろしいものは他にないはずだ。にもかかわらず、親友や近親者との死別、生命にかかわる病気や、かろうじて命拾いをした事故など、死が差し迫ってこない限り、人間は自分自身の死について考えようとしないのはどうしてか？ 何カ月も、時には何年も、自分が死ぬなどとは思ってもみないのである。このことは、よく考えてみればおかしなことである。**われわれは、家庭の内であれ外であれ、日常的に起こる小さな困難には敏感に反応しているが、「死」のような大きな問題は、深刻に意識せず見過ごしてしまうのがほとんどである。**「心の底では、誰も自らの死を信じていない」とフロイトが指摘しているとおりである。

日常生活で多くの死を目にしながらも無頓着でいられるのはまことにおかしなことである。さらに不思議なのは、われわれが絶えず平気で死を話題にしながら、本気で死を恐れていないことである。たとえば、雑誌の特集記事に「死ぬ前にやるべき100のこと」というのがあって、旅行すべき場所、食べるべき食物、聴くべきアルバムなどが書かれている。だが、いったい誰がこんな記事を本気で読むというのか？　仮に読んだとしても、「死ぬ前に」ということばに注意を払う人がいるだろうか？　もし、「死ぬ前に」が気になるようなら、その人はこう叫ぶだろう。「どうせ死ぬ運命にあるのなら、なぜそんなことにあくせくしなければならないのか？」（こんな反応は雑誌の編集者が期待するものでないことは言うまでもないが）。

ところで、ミステリー小説など殺人を扱った空想物語は読者をその気にさせることがある。ただし、その中の殺人事件が実際の死に直接かかわりあうことは滅多にない。新聞で報道される現実の死ですら、読者の心にある程度の恐怖や同情や怒りを呼び起こすが、今後長くても数十年以内に遭遇する死を警告するものではない。

とは言うものの、自分自身の生死を個人的な感覚で見据え、日常会話風に描写した人がいる。

その一人が、ウディ・アレンで、映画『ウディ・アレンの愛と死』（一九七五年）の中で次のような滑稽な会話をさせている。

ボリス――何もない。何も実在しない。真っ暗な空虚があるだけだ。

ソーニャ――え、何て言った？

ボリス――あー、ちょっと、ぼくの将来計画を考えていただけさ。

この心理パズルのような会話はいろいろに解説されているが、中でももっとも説得力のあるのは、一九七三年にアーネスト・ベッカーがその代表作『死の拒絶』（平凡社）で述べていることだろう。ベッカーは二一歳のころナチスの強制収容所の解放を手伝っているとき、最悪の死の現実に遭遇した経験を持っている。そんなベッカーに言わせれば、死への真剣な配慮が人間に欠けているのは偶然でもなければ、うっかりミスでもない。正確に言えば、人間にとって死はあまりにも恐ろしくて重大なため、考えることすらできないのである。『死の拒絶』の冒頭では、次のように述べている。「死の観念、死の恐れは他の何ものにもまして人間という動物にたえずつきまとうものだ」と。しかし、その結果、われわれは必死になって死の恐怖を抑え込もうとし、死に直面しないように巨大な心理的要塞を築こうとするのだ。ベッカーの見解では、「人間の活動の主たる仕組みは、死という宿命を避け、何らかの方法で死が人間の最後の運命だということを否認して死を克服することにあるからだ」。

われわれが死の運命を否認し続けることは可能である、とベッカーは言う。なぜなら、われわれは肉体的な自己と象徴的な自己を兼ね備えて持っており、肉体的な自己が年齢とともに滅びていくのは仕方ないが、こころの中にある象徴的な自己は自分がいつまでも不死身であると独り合点できるからだ。このことを証明する事実はわれわれの周囲にたくさんある。あまりに多すぎて気がつかないだけだ。ベッカーの考えでは、いかなる宗教も、いかなる政治運動や国民性も、いかなる投機的事業も、いかなる慈善事業も、いかなる芸術活動も、**すべてが死の引力から逃れようとする必死の努力、つまり「不死のプロジェクト」**に他ならない、という。われわれは自分たちが「死ぬ運命にある人間」だとは思いたくない――「不死身のヒーロー」だと思い込みたいのだ。社会の制度も本質的には、これらヒーローたちを想定して設計されている。つまり、慣習や伝統や法律を体系化することによって、生身の人間の一生を超えた、もっと大きな、長続きのする何ものかを実感させるシステムとして、社会は構築されているのである。普通の常識人も、宗教的であるかどうかにかかわらず、無意識のうちに永遠の命、つまり死後の世界を信じているのである。

ベッカーによると、精神疾患とは、普通の人のように死を否定しようとするこころのメカニズムがうまく機能していない状態をいう。自分の存在がたいして重要ではないこと、そしてほどなく死んでいく身であることに気づき、その真実から目をそらそうと努力するが、他の人たちのようにうまく対処できない人たち。そういう人たちは、ついつい気分が落ち込み、最終的には精神疾患の状態になるのである。

「不死のプロジェクト」は数多くの好ましい成果をあげてきた――すばらしい建築、すぐれた文学、立派な慈善事業、偉大な文明など。しかし、同時に最悪の事態を招く原因にもなってきた、とベッカーは考える。なぜか？　その原因は、自らを英雄《ヒーロー》にしようとする人間の本来的な衝動にある、とベッカーは言う。この衝動（ヒロイズム）によって、われわれはスポーツや政治、商売などで競い合い、さらには戦争を起こして殺し合うのである。今日の戦争は、互いに競合する「不死のプロジェクト」が衝突したときの究極の姿なのだ。それだけに、単なる領土争いや権力争いを超えた激しい戦いが長く続くのである。

哲学者サム・キーンは、このベッカーの主旨を次のように言い換えている。「人々が戦場やビジネスの世界で殺し合うのは、経済上の必要性や政治的な現実とはあまり関係ない。むしろ、何か長期的に付加価値のある仕事を成し遂げる必要があるからだ……人類の争いは生死をかけた戦いであり、『あなたの神』に対する『わたしの神』の戦いであり、わたしの『不死のプロジェクト』とあなたの『不死のプロジェクト』との戦いなのだ」と。別の表現をすれば、われわれは『象徴としての不死身』を護るために命を賭して戦うのだ。つまり、自らの死を否認するためには実際に死ぬことをも厭わないのである。さらに悪いことに、今自分がしていることを最後まで（否認しきれなくなるまで）認めようとしないのである。「兵士たちが堂々と戦地へ行進できるのは、それぞれの兵士が意識の底で、これから戦地で死ぬ運命にあるのは隣を行進する兵士かもしれないが、決して自分ではないと信じているからである。他の兵士に同情しながらも、自分は大丈夫だと思っているのである。ただし、それも、自らが負傷して血を流しているのに気づきショックを受けるまでの話だが」と、ベッカーはつれなく突き放している。

このようなベッカーの主張が正しいとすれば、あたかも不死身であるかのように振るまっているわれわれの現実の姿は少しも不可思議でない。人は、自らの死すべき運命を考えていないのではない。むしろ、**死を考えないように、絶えず葛藤しているのである**。これが人生の基本姿勢であり、しかも「シロクマの実験」の場合と異なり、大抵は思うとおりに進んでいるのである。

なるほど、ベッカーの主張には説得力がある。しかし、『死の拒絶』がベストセラーになってから数年の後、彼の主張がどれほど力強くても、しょせんは推論の域を出ていないことに気づいた何人かの実験心理学者が現れ、科学的なテストを進めることになった。もし、ベッカーの言うとおり、われわれが無意識に死の考えから逃れるために熾烈な戦いの人生を送っているのだとしたら、死すべき運命を明瞭に意識している人たち（いつでも死を意識できる人たち）はどのような反応を示すだろうか？　と考えたのである。

死を意識した結果起こったこと

ここで少し、脅威管理理論について述べてみよう。ニュージャージー州のラトガース大学では二〇〇三年に、次のような典型的な脅威管理理論の実験が行われた。まず参加者たちは、この研究に招待された理由についてあたりさわりのない説明を受ける。その際、「死」とか「死すべき運命」とかに言及されることはなかった。次に、ほとんどが平凡な内容の長ったらしい質問票に記入するように依頼される。質問票は参加者全員に共通していたが、例外として二つの特別な質問が出された。一団の回答者は引き続き平凡な内容の質問に答えればよかった（たとえば、テレビを見る習慣などについて）が、他の回答者たちには、「死」に焦点をあてた二つの質問がなされた。他の人たちというのは、「運命としての死を覚悟している」一団の人たちだった。質問の一つは、「あなたが自分自身の死を思うとき、こころにどのような感情が湧いてくるか、簡単に書いてください」というものだった。もう一つの質問は、「あなたが肉体的に死ぬとき、そして死んでしまった後には、自分自身がどうなるのか、つまり自分の身に何が起こるのか、思っていることをできるだけ具体的にメモ書きにしてください」というものだった。

そして実験は第二段階に移り、研究の核心に迫っていった。参加者は、ジョージ・ブッシュの外交政策への強い支持を表明した短いエッセイを読まされ、どこまで共感を覚えるか、考えさせられた。エッセイは次のように述べている。「個人的に言えば、わたしは、イラクで大胆な行動を起こしたブッシュ大統領とその政権の行為を支持する。サダム・フセインを政権の座から引きずり下ろす必要性について、われらが大統領の示した叡智を高く評価するものである。われわれは、大統領を後押ししなければならない。愛国心の劣る国民たちに惑わされてはならない」

人間は、死について繰り返し考えさせられると、どうしても「運命としての死」を覚悟せざるをえなくなるものだ。そんな人たちは脅威管理実験において、他の人々とは明らかに異なる態度を繰り返し示したのだ。今回の実験で彼らが出した回答を見るとわかるが、**自らの死を意識すればするほど「不死のプロジェクト」へのこだわりを強めていく**という、逆説的な仮説が現実味を帯びてきたのである。キリスト教徒はユダヤ人に対して今まで以上に反感を示し、道徳心のある人はさらに道徳心を高めようとし、金銭に関しては、他人におカネを与えたり預けたりする人が少なくなり、誰もが貯められる富は何でも多く貯め込もうとするのだ。

二〇〇三年のラトガース大学での実験で、ブッシュ大統領についてのエッセイにどれほど賛同するか、参加者に問うたところ、「死を意識している」人たちは明らかに、エッセイの著者の闘争心を他の誰よりも強く支持すると答えた。他の研究でもこれと同様の傾向がみられた。つまり、死の運命を覚悟している人たちは、相互に人間関係を尊重する穏健な思想よりも、独裁的で権威主義的な人格を好むのである。ブッシュが大いにこの恩恵に浴したことは間違いない。今回の脅威管理実験では死について二つの質問がだされた。これに対し回答者が敏感な反応を示したのには、二〇〇一年九月一一日のテロ攻撃が間違いなく大いに影響している。この事件のニュースを聞いたら誰でも、びっくり仰天し、自分たちもまた、ある日いつものように事務所へ出勤し、しばらくして死ぬ運命に会うかもしれないと思っただろう――つまり死を意識したに違いない。

「このような恐怖に怯える人々があえて追従しようとするのは、大声で独善的で、がむしゃらに行動する、一見強そうな扇動政治家たちである」とベッカーは嘆いている。「なぜなら、彼ら扇動政治家は、あいまいなこと、弱々しいこと、不確定なこと、悪いことが満ち満ちているこの世を清める力を持っているように見せるからである。――何ともまあ、悲しい現実ではある」

死の運命を強く意識する人は、上記の他にもたくさんの特性を持っている。時には予想だにつかなかった一面を見せることもある。たとえば、同じ実験に参加した人のうち、死について考える機会を頻繁に与えられた人たちは、人体からの排出物の話をすることに非常に強い嫌悪感を示したのである。「誰かが嘔吐しているのを目撃すると、わたしの胃も吐き気をもよおしてくるのです」といった話に大きく頷いていたそうだ。彼らはさまざまな嫌悪感をランク付けするのに、たとえば、一片の肉にたかっているウジ虫を見るときのように「非常にむかつく状態になる」などと表現する。人間は、自分たちの動物性を想起させられ、自分たちも他の動物たちと同様に肉体的に死ぬのだ、と思い知らされると大きな衝撃を受ける。その衝撃をできるだけ緩和しようと苦闘している状態が、これら一連の反応に現れているのではないか。「人間はむかつくことによって、自らを他の動物より一段と高い位置に置き、そうすることで死への防御策を講じようとするのではないか」と研究者たちは実験レポートに書いている（ベッカーの論理からいうと、死に対するこのような人間の対応は、月経中の女性を忌避する文化的背景や、大小便を独りでする社会習慣などを説明するものでもある）。そしてまた、彼らがいわゆる「インテリジェント・デザイン」理論の良き理解者であることも頷ける。もし、生命が原初の沼地から意味もなく生じたものでなければ、それが意味もなく消えていくものではない、と感じるのは容易だからである。

以上述べたことをつらつら考えてみると、毎日絶え間なく死を意識して生活することが有益だとは思えなくなる。その一つの理由は、ベッカーが示唆しているとおり、われわれのこころの奥底深くには「死の拒絶」がしっかり根付いていて、なかなか動こうとしないからである。

とはいうものの、古代ギリシア時代から、何人かの急進的な思想家は、自分の死を毎日の習慣としてたえず意識して過ごすことがはるかに豊かな人生を築くことになるという立場をとってきた。それもまた、間違いなく一つの正真正銘な生き方ではあろう。死は、いくら否定しようとしても、人生の一部であることに違いないからだ。

一方、何が何でも積極性を重視する「楽観主義教団」はどうであろうか？ 彼らは自分たちを幸福と成功の将来像を約束し、死を超越してすべてを包含する強力な「不死のプロジェクト」そのものと自認している。にもかかわらず、これら**積極的思考家たちは「毎日を最後の日のごとく生きよう」などと説教して、死を意識する意義に賛同する。だが、これは単にその人にやる気を起こさせるためのリップサービスにすぎない**のは見え見えである。彼らの野望が不死のプロジェクトそのものだとすれば、これ以上に死を意識して何の意味があるのだろうか？

「死の熟考」の本当の意味

不幸にも、アーネスト・ベッカーの死期は早めにやってきた。『死の拒絶』が出版される一年前、四七歳のとき、ベッカーは大腸がんと診断された。二年後、一九七四年二月のある雨の日、バンクーバーの病棟の文字通り「死の床」にサム・キーンがやってきた。『サイコロジー・ツデイ』誌に載せるインタビューをするためだった。そこでベッカーは言った。「ちょうどいい機会だ。わたしが考えたとおりに生きてきたかどうかを知ることができるよ」と。彼の説明によると、家族と最後に意思疎通するときと、そして死んでいく瞬間に、自分の意識がしっかりしているようにと願って、少量の痛み止めの投薬を依頼したそうだ。

死の拒絶は人類のあらゆる文明を築く原動力になったかもしれないが、個人にとっては自分の死を拒絶することがベストとは言えない、とベッカーは考えていた。後日、サム・キーンは次のように述べている。「自らの死の恐怖を考えることは、ベッカーにとっても苦い薬であったに違いない。しかし、逆説的ではあるが、それが死の運命に甘味を加えるチンキ剤のような働きをしたことを、われわれは不本意ながらも認めざるを得なかった」。このインタビュー記事が発表されたのは、会見から一カ月たった三月だった。その数日後にベッカーは亡くなった。

「死について考える時間をもっと長く持つべきだ」などという考えは、容易に鵜のみできるものではない。だが、この考えについては、われわれも納得できる説明がある。たとえば、「将来巡り合うかもしれない不運については、前もって十分に熟慮しておくといい」というストア哲学の教えがそうである。「やがて死はやってくる。それが近づいてくるまでに、こころの準備をしておくがいい。そうすれば、それが間近にやってきても、突然気づいてショックを受けることはない」と、セネカは言うだろう。とはいえ、潜在意識では、何とかして死を考えないですむように努めるのが普通だ。ただ、それとて完全に成功することはまずない。死が差し迫っているわけでもないのに、時々は夜中に目が覚めてパニック状態になることすらある。まるで、フィリップ・ラーキンの詩『朝の歌』の中にいるような鮮やかな感覚にとらわれることがある。「四時には目が覚め、音のしない闇にじっと目を凝らす。そのうちにはカーテンの端が明るくなってくるだろう。そのときまで、闇のなかにいつも必ずいるものを見つめつづけている。休まない死のことだ。まる一日こちらにまた近づいてきたと分ると、他のことはなにも考えられなくなり、ただ死ぬときの有様、場所、時刻のことだけで頭が一杯になる……」(櫻井正一郎著『イギリスに捧げた歌――フィリップ・ラーキンを読む』臨川書店)

では一体どうすれば、死を熟考する十分な時間を持つことができるのか? 他の問題なら、それがいかに苦痛を伴うものであっても、何とか解決しようと努力する人も、こと死についてはあまり時間をかけて考えようとしない。それほど問題意識を感じさせないところに、実は問題があるのだ。自分は不死身であると無意識に思い続ける限り気楽な人生を送ることができる。そんな安易な本能に逆らってまで、毎日死と対決する生活をせよと言われても、おいそれとその気にはなれないだろう。

この難問を解くのは哲学者であり心理療法士の仕事ではなかろうか? そんな思いで、私はローレン・ティリンガストに近づいていった。彼女の職業は、名刺の肩書やウェブサイトでは「哲学的カウンセラー」となっているが、ソクラテスへの回帰運動をしている現代哲学者グループの一員で、いろいろな学術論文を発表している。そのかたわら、ダウンタウンのマンハッタンにコンサルタント事務所を開き、人間の魂をなだめ落ち着かせる各種心理療法を行っている。事務所は明るくこざっぱりした一室で、古びたオフィスビルの中にあった。このビルには、他にもたくさんの伝統的なセラピストや、精神科医やカウンセラーが事務所を構えている。彼女は四〇代前半の親しみやすい女性で、相談に訪れる人々のさまざまな問題に偏見なく耳を傾けていた。

ティリンガストは私を肘掛椅子に座らせ、白い茶碗にミントティーを注いでくれた。私は、いきなり「死」について語りたいと切り出したのだが、彼女はひるむ様子もなく私の質問を正面から受けとめてくれた。「死すべき運命をより明瞭に意識しながら生きるにはどうすればいいのか、その術を学ぶ方法はいかに?」と聞くと古代ギリシアの哲学者エピクロスの話題を始めた。

死の運命と仲良く共存するための第一歩は、死から連想される恐怖をできるだけ少なくすることだ(もしそれができないなら、これ以上先に進むのは無理だろう)、とティリンガストは語る。彼女の説明によると、古代の哲学者はしばしば合理的な議論をすることによってこの目的を達成しようとしてきた。つまり、もし死の恐怖が不合理なものだと納得できるなら、死の恐怖から逃れるのはたやすいはずだという。

古代ギリシアの哲学者エピクロス(ストア哲学の創始者であるキティオンのゼノンと同時代の哲学者)によって最初の試みが行われた。おおまかに言って、彼より前の時代には、死が最後ではないという哲学的共通認識があった。つまり、死を恐れないための最善の論拠は、死後に栄光の世界があるというものだった。これに対し、エピクロスの主張は、正反対の議論を展開したのである。もし生命が死を越えて継続しないとしたら、死を怖がる理由などないではないか、と指摘したのだ。「死は、われわれにとって何の意味もなくなる。なぜなら、われわれが生きている間には死はやってこないし、死がやってきたときにはわれわれは生きていないのだから」

もっとも、死ぬときの苦痛を想像すると怖くなるかもしれないし、他人の死を見ていたたまれなくなることもあるだろうが、ここで問題にしているのは、やがてやってくる自分自身の死など恐れても仕方ないではないか、ということだ。死はさまざまな体験をすることの終焉を意味する。そうして、死ぬことによって、恐るべき事態を経験する能力も終了してしまうのである。アインシュタインも言ったように、「さまざまな恐怖の中でも死の恐怖ほど納得できない（不当な）ものはない。なぜなら、死んでしまえば、どんな危険にも遭うはずがないのだから」。

そうすると、われわれの人生が死の恐怖によって支配されていると考えるのは一種の思い違いだと言わざるを得ない。**われわれが恐れている死は本当の死ではなく、死ぬ前に生きたまま強制的に埋葬される状態を想像する錯覚にすぎないのだ。**同時に、それまでに享受したあらゆる恩恵が死を前にして無理やり剝奪されていくかのように思い込んでしまうのだろう。

この議論に対して異をとなえる人がいる。死を恐れるのは死を誤解しているからではなく、そもそも死が何たるかを想像することができないからだ、と考える人たちである。この考えは、おおむねフロイトの考えでもあるが、何か想像を絶するものに出会ったときに反射的に感じる感覚、あの身体がこわばるような恐怖感、あるいはそれ以上のものを指すのではなかろうか、と言う。しかし、この説にも矛盾点があると指摘するのは、同時代の哲学者トマス・ネーゲルである。理論的に言えば、想像すらできないものに恐怖を覚える理由がないではないか、と言う。たとえば、夢を見ないでぐっすり寝込んだとき、自分がどんな状態になっているのか気づかないのと同じだ。

だが実際には、夜になると何かの夢を見ながら眠り、中には恐怖におびえ悩む人もいる。「いかに死を忌み嫌っていても、潜在意識まで忌避するわけにはいかない」と、ネーゲルはそっけない。

死が恐れるに足りないことを、エピクロスは別の角度からも説明している。「対象性」として知られる理論である。生まれる前に体験したことは何も記憶に残っていない。同様に、死後の体験も永遠に記憶から消え去る。いずれも「永遠に忘却する」ということである。然るに、何故、死を恐れなければならないのか、という。同じことをウラジーミル・ナボコフは自伝『記憶よ、語れ』(晶文社)の冒頭で、次のように述べている。「赤ん坊の揺り籃は深淵の上で揺れているのだ。だれもが知っているように、私たちの一生は二つの無限の闇の境を走っている一条の光線にすぎない。ただ、二つの闇はまったく同じものだが、私たちはいまめざしている闇よりも誕生前の闇の方が安心して眺められるらしいのである」と。もし、生まれる前に何ら外傷を受けなかったとしたら、死後に外傷を受ける心配もないはずである。そう考えるのは理屈にかなっているではないか? だが、ティリンガストは指摘する。「このような理屈はあまり役に立ちそうに思えないのです。なぜなら、ほとんどの人にとって、死は理屈で割り切れるものでなく、また簡単にこころから消し去ることができないのだから」

以上のように、死の恐怖から逃れようという試みはさまざまな形で行われているが、どうしても避けて通れない問題がある。そもそも「死は問題である」などと最初に言い出したのは誰なのか知らないが、そこには死を恐れる実感が感じられる。いずれ死なねばならない自分を見つめるのは辛いことである。今までせっかく生きてきた人生をあきらめねばならず、生きることで享受できたメリットの数々をも失わねばならないからである。ティリンガストは言う。「人々はわたしのところへ相談にこなくなったのですよ。死ねばすべてを失ってしまう（と言われる）のが怖いのでしょうね。でも、生きながらにしてじわじわと死が近づいてくるのを感じる方がはるかに不安なのではないでしょうか」。言うまでもなく、さまざまな恩恵を享受できる可能性は死なない限り剝奪されることはないのだから、死んでもいないのにその喪失を恐れるのはまったく妥当性を欠いている、といわざるを得ない。

ネーゲルが『死』という簡単なタイトルのエッセイで論じているように、「死を恐れるな」と言っても「死（ぬこと）は悪いことではないから」という意味で言っているのではない。喩えて言えば次のようになる。脳に重傷を負った男がいるとする。彼は三歳児と同じ精神状態になっているが、その状態で自分は完全に幸福だと思っているようだ。だが、その男をそのような状態にした事故はあくまでも悪い出来事だった、と誰しも思うことだろう。これと同様に、「死は恐ろしくない」と主張するエピクロスの理論がいかに説得力を持っていようとも、「死（ぬこと）は悪いことではない」という結論にはならないのである。

この見極めは非常に重要である。というのは、「死の運命」をどれくらい意識するかによってその人の幸せの内容が変わってくるからだ。死を恐れている限り、アーネスト・ベッカーの「苦い薬」は飲めないだろうし、ましてや自身の死についてもっと時間をかけて考えてみる気になどならないだろう。それでは、死を「良いこと」として受け入れるのはどうだろうか？　おそらく、それは無理な相談だろう。また仮にできたとしても必ずしも望ましい結果を生まないだろう。なぜなら、生きることを軽視する原因にもなりかねないからだ。

そこで、考え方を変えてみよう。**確かに、死は物事に終焉をもたらすから「悪いこと」かもしれない。だが、そうかと言って死を恐れる理由などどこにもないではないか**、と考えてみてはどうだろう？　これこそ、中道を行く理想的な考え方ではなかろうか、と思うのである。極めて現実的で実用に即しているばかりか、ストア哲学的ですらあるようだ。

もう少し深く掘り下げてみよう。**人は生命の限界を思えば思うほど、その大切さが分かり、無駄に浪費することはなくなる**。ティリンガストは言う。「仮にとてもすばらしいレストランへ行ったとしましょう。そこでの食事がいつまでも続くとは、当然思わないでしょう。たとえ、当たり前のことと了解していても、あるいは料理がもっとたくさん出されてもいいのにと思ったとしても、あるいは食事が永く続かないことに腹を立てたとしても、目の前に出された料理だけが現実の姿なのです。そこで、その食事の心髄を吸いとろうと一生懸命になるのはそれなりに意味のあることではないでしょうか？　つまり、料理の風味を味わうことに神経を集中するのです。隣のテーブルの女性が発する強烈な香水の匂いに気をとられたりしないことです」

心理療法士アーヴィン・ヤーロムはその著書『Staring the Sun（太陽を見つめて）』で次のように述べている。「多くの人は死の床についたとき、それまでの人生を振り返り、充実した人生を送れなかったことを悔やむに違いない。しかし、なるべくならそのような後悔をしなくてもいいように、あるいは少しでも後悔を軽減しようと日ごろから努める人も多い。毎日『死の運命』

を強く意識しながら生活している人たちである。もしあなたが『いつかは死ぬ』という意識をもって、できる限り有意義な人生を送ろうと努めるなら、死の床で覚える後悔はそれだけ緩和されるでしょう。そうすると、死に対する不安も緩和されてきます」

一方で「毎日をあたかも最後の一日であるかのように過ごそう」という陳腐なスローガンを口にする楽天主義者たちがいる。彼らは「何ごとも手遅れになる前にやりなさい」と、人々にやる気を起こさせるのが目的であって、ヤーロムの主旨とはまったく異なることは言うまでもない。

メメント・モリの国で

これまで、ベッカーに始まりエピクロス、トマス・ネーゲル、アーヴィン・ヤーロムなどの思想を研究してきたが、ここで私は思い切ってメキシコへ旅に出ることにした。というのは、「やがて死ぬ」と意識することが日常生活でどれほど重要なのかを本当に理解するには、メキシコを訪れる必要があったからだ。メキシコは「死」に対して特別な考え方をする人々の国だと聞いていた。もっとも、一般の了解では、メメント・モリの伝統を持つ国がいくつかあって、メキシコはその一つとされている。メメント・モリの伝統というのは、絶えず人々に「死の運命」を思い起こさせる儀式や習慣のことである。最近の調査では、メキシコはメメント・モリの諸国の中で一、二を争う幸福度の高い国だそうである。メメント・モリの習慣の中でももっとも有名なのは「死者の日」として知られている例祭である。その日、メキシコの人たちは死と死者たちを祝福して大量のテキーラを飲み、人間の形をしたパンを供えるのである。各家庭には祭壇が設けられ、市内の公園には多くの人たちが出かけ、夜になると先祖の墓碑の周囲に家族や親戚縁者が集まり一晩を過ごすのだ。世界的に名の知られたメキシコの随筆家、オクタビオ・パスはその著書『孤独の迷宮』（法政大学出版局）に次のように書いている。「ニューヨーク、パリ、あるいはロンドンの住民は、死という言葉は不吉だからといって口にしたがらない。反対にメキシコ人は、死としばしば出会い、死を茶化し、かわいがり、死と一緒に眠り、そして祈る。死は彼らが大好きな玩具であり、最も長続きする愛である」

これまでの人類の歴史をみると、人間と「死の運命」との親密な関係は決して珍しいことではなかった。死者を祝福する伝統はすでに古代ローマ時代にあった。そのころの伝説によると、凱旋した将軍は街をパレードするとき、かならず自分の後ろに奴隷を従わせたという。奴隷の役割は、将軍に対し「メメント・モリ（死を忘れるな）」と叫んで、自信過剰にならないよう繰り返し警告することだった。時代が下ってキリスト教が支配したヨーロッパでは、メメント・モリは視覚芸術にとって不可欠な要素となった。静物画には死を象徴するものとして、画家のパトロンの頭蓋骨が意図的に描かれたりもした。

「死の運命」についてじっくり考えさせる動機は、時代によっても、また文化によっても異なった。ローレン・ティリンガストが述べたように、古代人はまるでおいしい食事を味わうように人生を楽しむことを忘れなかったが、死についても同じように考えていたようだ。また、ずっと後のキリスト教時代には、人々は最後の審判を見込んでいつも行儀よくしているよう心がけて、死を大いに意識していたことがわかる。

私が特に興味を持ったのは、現代のメキシコ人が日常生活でどのように死を意識しているのか、具体的に見聞することだった。

まず注目したのは、「サンタ・ムエルテ（髑髏《どくろ》の聖母）」という名の新興宗教である。これはカトリック教会から見れば死そのものを崇拝する「悪魔のような教団」だ。この宗教運動は数十年前にメキシコ・シティのもっとも物騒な地区で起こった。売春婦や麻薬売人や極貧の人たち、その他政府やカトリック教会の救済の手の届かない人たちの間で生まれた。彼らは、代わりにサンタ・ムエルテに、自分たちを死から護ってくれるように、安らかに死ねるように、あるいは時には自分たちの敵に死をあたえるように祈ったのである。今では、移民によって、サンタ・ムエルテ運動は米国内にも広まっている。メキシコの有力な政財界人の中にも、家庭でひそかに死聖人の祭壇を設けている人がいるという。もっとも、死聖人を信仰するメキシコ人の多くは法を順守する人たちであり、自分たちを犯罪人の集団として取り締まろうとする政府に反対しては街頭デモを行っている。反面、北部メキシコで活躍する冷酷な麻薬密売ギャングにも信仰されているのも事実だ。

このサンタ・ムエルテ運動の本殿はメキシコ・シティのテピート（ヒスパニック住民区）にあり、そこにはたくさんの宝石で飾られた等身大の骸骨人形がガラスケースに入れられて脇道に向かって立っていた。そこへ、何人かのあらくれ者が姿を見せ、ドル札とたばことマリファナを供えていった。サンタ・ムエルテ運動には他にもさまざまな特色があるが、いずれにせよ、信者になることは、必然的にメメント・モリの極端な信仰様式に身を呈することであり、遍在する死の中での生活を営むことになる。

オクタビオ・パスは次のように述べている。「現実の世界では、死は一つの現実にすぎない。しかし、われわれの考え方や人生の意味するところから見れば、死は不愉快きわまりない現実である。そこで、『進歩の哲学』が登場してわれわれの前から死を消し去る演技をみせてくれる。まるで手品師が手のひらからコインを消し去るように」。だがメキシコではこのような手品ができないことに気づく。ふと振り向くと、そこにはサンタ・ムエルテがいるからだ。つまり、いつもきびしい死に直面しているため、「死の運命」を無視する選択肢などなくなっていることに気づくのである。

せっかくのメキシコ滞在なので、私はあえてテピートを訪ねてみることにした。結果として、職務を成功裏に終えたとはいえないが、ともあれ、「死者の日」の数日前に決行したのである。路上でタクシーを拾ってテピートへ行くのは誘拐される危険があるので止めなさい、と事前に注意されていたし、報道記者としてどこまでも危険を冒そうなどという気はなかったので、今となっては、無理して行くべきではなかったと後悔している。「テピートは外国人の行くところではない、理由は明確だ」と、誰かがインターネットに書き込んでいた。数日前、武装したギャングが日中にテピートの街角で六人の通行人を殺害したそうだ。新聞報道によると、警察はその地区全体をあまりにも危険な場所としてパトロールすらしないことにしたそうだ。かつてテピートのドキュメンタリー映画を制作したことのあるメキシコ・シティの映画会社に同行を依頼したが、治安を理由に断られた。テピート行脚は、少なくとも私にとっては、メメント・モリを試してみる絶好の機会に思えたのである。

朝遅くにメキシコ・シティの中心地を出発し、商店街とビジネス街を通り抜け、幅広い幹線道路に出た。幹線道路の両側には賑やかな市場が断片的に続き、しばらく行くと道路幅が狭まり、両側の建物も小さくなったところでテピートに着いた。この一帯の中心部にも、ざわざわと騒がしい市場があった。テピートは偽造品と盗品の販売センターとして悪名高いところだ。私は、とにかくサンタ・ムエルテ聖堂を探して、表通りを少し行ったところで左に曲がり、さびれた裏通りに入った。山のように積み上げられたがらくたの間をネズミがちょこちょこ走りまわっていた。どの戸口も閉じられて暗闇の中に沈んでいた。急ぎ足で暗闇の中を通りながら、私の神経はだんだん高ぶっていった。

ようやく神社を見つけた。そこは陽気ではなやいでおり、およそ二〇人の男女が行儀よく並んで礼拝の順番を待っていた。礼拝する骸骨の像は紫色とオレンジ色のネックレスやレースのショールにきらきら輝いていた。参拝者の何人かは自分たちの作ったミニチュア像や、お供え用のお酒の入った小瓶を持参していた。また、数人が列の一番前にきたとき骸骨にむかってたばこや葉巻の煙を吹きかけるのを見た。後で分かったことだが、清めの儀式の一種だそうだ。参拝者たちは互いにおしゃべりに興じ、笑いあっていた。男も女も、老人も若者も、中には生まれたばかりの赤ん坊やよちよち歩きの幼児の手を引く母親もいた。

雇っていた通訳も、この危険なヒスパニック街へは行きたくない、と言って同行を拒否した。仕方なく、私はむちゃくちゃなスペイン語で会話するしかなかった。最初に話しかけたのは、死聖の像を腕にかかえている女性だった。同じ列に並んでいた人たちの視線がいっせいに私に向けられた。彼女は、とにかく私と話したくないようだった。はなやいだお祭りの雰囲気が、私の周囲から急速に消えていった。所詮、私は侵入者なのだ。それに、参拝者の中には私のような記者や見知らぬ人と話したがらない人間も少なからずいるはずだ。メキシコ人の随筆家ホメロ・アリディスによると、サンタ・ムエルテの礼拝にやってくるのは、これから誰かを誘拐したり、攻撃したりしようと考えている人たちがほとんどで、自分たちの身の安全を祈願しに来ているそうだ。死が中心的な役割を果たす人生を送っている人たちだが、世代を超えて人々の共通の関心事が死であることに気づかされた。

私に運が向いてきたのは「死者の日」の当日だった(祝日は一〇月の最終日に始まるが、お祭りが最高潮に達するのは一一月二日だ)。大学の友人を通して、引退したタクシー運転手を通訳にすることができた。名前をフランシスコといい、結構な英語を話し、しかも副職としてメキシコ・シティを訪れるジャーナリストのフィクサーの仕事もこなしていた。夕刻、私のホテルの外側にぼろぼろの灰色のライトバンを止めた彼は、私から話しかける前に、陽気に言った。「これはとても安全な車ですよ。私は別の車を持っていますが、事故に遭いましてね。だから、今日は兄弟の車を使っているのです」。私は、この話題をこれ以上追及しなかった。数日前、フランシスコと電話で話したとき、彼は首都メキシコ・シティの郊外の田舎で本物の「死者の日」を祝っている小さなコミュニティーを巡る道順を知っていると言っていた。そこでは、「死者の日」は商業化・観光化されておらず、いまだに幽霊の出る純粋な状態で保存されているという。村人たちは地域の墓地に集まり、亡くなった親戚縁者の死体と交流しながら一晩中寝ずに過ごすそうだ。これを聞いた私は、もはや途中の道路上の安全を心配してぶつぶつ言う気など毛頭なくなっていた。

メキシコ・シティでは、自治体主催の公式行事がピークを迎えようとしていた。歴史的な中央広場「ソカロ」は、骨の形をしたパンや砂糖で作った頭蓋骨を売る台車が並び、その間をぬってぶらぶら歩く家族連れであふれていた。人々は、大人も子どもも、みんなが死装束を身につけていた。少年たちはシャツの襟を糊でかたく固め、くぼんだ目の吸血鬼の姿を真似ていた。女性はつば広帽子をかぶって、メキシコの偶像的な死の女性のイメージである「カトリーナ」に扮していた。多くの街角には、死者のために祭壇が設けられ、それぞれが張り子の頭蓋骨で飾られていた。このような伝統は、その起源を何百年も前まで遡ることができるが、今では多忙な現代都市の生活にすっかり融合している。聞くところによれば、ビジネス街の銀行や保険会社のオフィスでは、机を祭壇の代わりに使うことがよくあるとのことだ。また、仲間同士で、お互いの死に方を予測しあい、コミカルな詩歌をやりとりすることが普通に行われているという。

フランシスコと私は騒がしい広場を離れ、広い幹線道路に出た。しかし、道路上もまさに大混乱の状態だった。何匹もの迷い犬を避けつつ、乱暴な自殺運転のミニバスにも注意を払わねばならなかった。夜のとばりが下りたころ、人どおりのない無灯の田舎道に入った。暗闇の中にぼんやりと灯りのともっている道端の死聖像が見えてきた。その前を通り過ぎたころ、フランシスコは言った。

「私の子どものころはね、ちょうどこの死者の日になると、家から家を訪ね、その家の人がどのような死に方をするのか、ふざけた予測をしてまわったものですよ。たとえば、ヘビースモーカーがいたとしましょう。私たちはその人にたばこを与え、これを吸えばたばこの吸いすぎで死にますよ、と予告するのです。あるいは、その家に住んでいる誰かがたばこの吸いすぎで死んだとしましょう。私たちはやはりたばこを持参して死んだ人の思い出にするのです」

「相手の人は腹を立てませんか？」

「腹を立てる、ですって？」

「つまり、侮辱されたと思いませんか？」

「いいえ、そんなこと思いませんよ。でも、なぜ？」。彼は振り向いて、私の顔を見た。「しかし考えてみれば、これはメキシコだけの風習なのでしょうね」

フランシスコの考え方はおおむね正しい、と言える。他のカトリック教の世界では、一一月二日は「万霊祭」とされているが、これは八世紀以来、ヨーロッパで死者を悼む機会として定められた日なのである。だが、一五世紀になって「コンキスタドール」と呼ばれるスペイン人征服者がメキシコに上陸したとき、彼らが出会ったのは先住民のマヤ人やアステカ人の間で行われていた死の祭典であった。しかも、それが自分たちの万霊祭よりはるかに手の込んだお祭りであることに気づいたのである。たとえば、アステカ人は彼らの「レイディ・オブ・ザ・デッド(死の女性像)」と呼ばれる「ミクテカシウァトル」を崇めて二カ月にわたって大かがり火を焚き、ダンスと祝宴に興じていた。そこで、征服者たちは、これら先住民の賑やかな祭典に代えてもっと厳粛な、よりキリスト教的な儀式を行わせようと決心したのである。現代の「死者の日」は、キリスト教とキリスト教以前の宗教、哀悼とユーモアが奇妙に入り混じった内容になっている。つまり、征服者たちの事業が不完全に終わったことの証左でもある。

人類史上には、メメント・モリ(死を忘れるな)の精神をさらに極端化した文化が存在した。一六世紀の随筆家、ミシェル・ド・モンテーニュが称賛した古代エジプト人の風習がその一例である。祝宴が最高潮に達すると、主人は乾燥した人体の骸骨を部屋にもちこませ、来客への記念品にしたそうだ。ちなみに、モンテーニュは常々思っていた。「作家たる者は思考を鋭くするためめに、すばらしい墓地の見える場所で仕事をしなければならない」と。そして仏教では、有名な経典の一つであるサティパッターナ・スッタ(念処経)の中で、ブッダは僧侶たちに急いで地下の死体安置所へ行って、瞑想する対象を探すよう促している。その一節を記す。

――死後一~二日経ち、膨らんで、色は青黒く、完全に腐敗している死体、あるいはカラスについばまれた後の死体、あるいは肉がぶら下がったまま、骨格が腱でつながっている血痕だらけの骸骨、あるいは貝殻のようにバラバラにちらばった白骨、何年も経って風化し、粉末状になって積み上げられた骨――

これは「コープス・プラクティス（死体体験）」として知られ、瞑想する僧侶を悟りに導くために考え出されたものである。つまり、ブッダが述べたとされている言葉を引用すると、「私の身体も、これと同じ性質で、この程度の密度しかなく、そうした現実から逃れることはできない」ということを僧侶は悟るのである。

死の運命との共存

フランシスコと私はドライブを続けた。小さな町へ入る分かれ道で車を停め、道端の屋台で軽食を買って食べながら教会へ向かう人たちの行列を見た。人々は、死んだ親類縁者の写真を額に入れて持っていた。その後しばらく走って、遂に目的地に着いた。サン・グレゴリオ・アトラプルコという名の村だ。ほとんど真夜中で、空気は冷たかった。まず私の目に映ったのは、真っ暗な夜空に浮かぶオレンジ色の光線だった。そして、道路を道なりに回ると、いきなりその光線を発している正体の前に出た。村の墓地である。全体が何百本ものろうそくでうめ尽くされ、マリーゴールドの花びらが敷きつめられていた。これらが、やわらかいオレンジ色の光線を夜空に放っていたのだ。

歩いて墓地の中へ入っていくと、一瞬、私は自分の目を疑った。墓石の多くは、表面の粗いコンクリート・スラブか、あるいは切り株のような木の板にすぎなかったが、人のいない墓は一つもなかった。二人、三人、四人、時にはそれ以上の人たちがグループになって肩をよせあうように、折りたたみ椅子にすわったり、地面にあぐらをかいたりして、ブツブツと小声で話しあい、紙コップでテキーラを飲んでいた。墓地の一角で、正装したマリアッチ楽団が墓から墓へそぞろ歩きながら、墓石一つ一つにセレナーデを歌っていった。私は一人の女性を呼び止めた。彼女は腕一杯に膝かけ布と椅子をかかえて近くの墓石に向かっていた。何をしているのか尋ねたら、墓の方向を指して明るい声で答えてくれた。「おー、あれが私の母ですよ。私たちは毎年ここへ会いに来るのよ」

「死者の日」――これは、一般的には「メキシコ流メメント・モリの日」とも言える。もしこの言葉が現実の避けがたい残酷な悲しみを迂回するための手っ取り早い方法だ、などという印象を与えるとすれば、それはまったく間違っていると言わざるをえない。墓地での徹夜に参加する人たちは、大抵の場合、最近死別した身近な人を想っていつまでも悲しみを引きずっている類の人ではない。とにかく、死を前にして恐怖や悲しみで引きつった顔を見せようというのではない。そんなやり方は「最悪の状態での楽天的儀式」であって、うまくいくはずがない。仮にやれたとしても、失うことに対する適切な対応とは言えない。**「死者の日」は、何か恐ろしいものを問題のないものに作り変えようとする努力を意味するものではない。正確に言えば、そんな二元的な**

カテゴリーを拒絶するのである。墓地で行われていたことは最も力強いメメント・モリ（死を忘れるな）の儀式なのである。死を考える気持ちを抑えるのではない。ましてやアメリカ人やイギリス人がハロウィーンを祝うような調子で死に甘味料を加えたり、死を無害化したりしようとするのではない。**死を再び人生の中に染み込ませようとする**のである。

メキシコ育ちの作家、ヴィクトール・ランダは言う。「われわれの伝統では、人間は三度死ぬことになっています。最初は肉体が機能しなくなるときです。二番目の死は、死体が土中に埋められるときにやってきます。三番目の死――これは、決定的な死のことですが――私たちを思い出してくれる人がもはや一人もいなくなったときにやってくるものです」。あの夜、私は墓地のいたるところで死を見ることができた。だが、三番目の死は、その意味するところから正確に言えば、まだ存在していなかった。町全体が関係のあった故人のことを思い出している間、町は自らの死すべき運命についても思いを馳せていた。違う点は、自らの死が未だ宣告されていないことだった。

しかしながら、メメント・モリを体験するには、墓地で徹夜までして頑張る必要はない。もっとずっと小さなことから始めることができる。心理学者のルス・ハリスが次のような簡単な方法を教えてくれた。仮にあなたが八〇歳になったと想像しなさい――もっとも、まだ八〇歳ではないという前提だけど。もしあなたが実際に八〇歳以上なら、さらに大きい年齢を想定しなさい。そうして、次の文章を完成させなさい。「〇〇にもっと多くの時間を使いたかった」そして「××に費やす時間はもっと少なくても良かった」。この方法は、「死の運命」を迅速に認識する上で驚くほど効果がある。これだと、すべてがうまくいきそうだ。なぜなら、ローレン・ティリンガストが助言してくれたように、死ぬときに自分のそれまでの人生を十分に生きてきたと満足できるようにするには具体的に今何をすべきか、考えだすことが容易になるからだ。

この種の小さな習慣は、実際にはメメント・モリの非常に強力な形なのかもしれない。というのは、死の意識を日常の生活リズムに取り込むには、まさにこのような平凡で控えめな儀式を通すのが何よりも望ましいからである。そうすることで、われわれは死を前にしてもエピクロスの冷静な合理主義らしきものを達成できるのである。メキシコ旅行から帰ってきて、すでに数カ月経つが、その間ともかくも私の心に引っかかっていたのは、私がメキシコ・シティの中心で目にしたような死を大声で祝う光景ではなく、サン・グレゴリオ・アトラプルコ村で吸収したように、**死の運命と一緒にリラックスすること、死の運命と一緒に気持ち良く共存すること、生きることと死ぬこととの交わりを知ること**だった。

私が村を離れたのは午前二時前だった。村を去るとき、一人の老女が墓地の境界の塀の近くで折りたたみ椅子に座っているのが見えた。ショールに身をくるんでいたが、一本の墓石に向かって優しく話しかけているようだった。私は、ためらいながら彼女に近づいていった。邪魔をするのが悪い気もしたが、彼女は嫌がらずに笑いながら頷いて、私を墓の横の出っ張りに座るよう招いてくれた。私はそこに座った。

マリアッチ楽団の旋律が墓地の反対側から流れてきた。数家族が薪をもやして暖をとっているのに気づいた。数フィート離れたところでフランシスコが暖まるため腕で身体のまわりをたたいていた。私はマリーゴールドが敷き詰められ、身を寄せ合った人々で混雑している墓地の外側に目をやった。縁を越えた外側は光のない真っ暗闇だった。でも内側は焚火と何百本も揺らめくろうそくが寒さにもかかわらず夜空に一種の快適さをもたらしていた。楽団は演奏を続けた。空中に死が漂っていた。すべてが申し分なかった。

第 9 章

ネガティブの正体

―― 善悪二元論から自由になる

真のネガティブとは節度とバランスを伴い、
極端な努力を求めるものではないことを忘れないように。

――オリバー・バークマン

一八一七年一二月、天才詩人ジョン・キーツ(当時二二歳)はロンドンのドルリーレーンのロイヤル劇場で年中行事の無言劇を観た。その帰り、評論家のチャールズ・ウェントワース・ディルクと一緒にぶらぶら散歩しながら、文学作品や天才作家の資質などについて熱心に論じあった。そこでキーツが思い付いた考えは、後に伝記作家が「文学史上の試金石」と評するものとなったが、キーツはその内容を数日後に弟に宛てた手紙で次のように書いている。

ぼくはディルクと論争した訳ではないが、さまざまなことについて話しあった。その中のいくつかの考えがぼくの心の中でぴったりと適合しあい、すぐに一つの考えとなってぼくを強く捉えた。それは、なかんずく歴史に名を刻んだ偉大な文人たちの資質についてだった。たとえば、シェイクスピアが豊富に持っていた資質は何だったのか、といったことだ。つまり、ぼくが言いたいのは「消極的能力」、つまり人間が不確実さや不可解さや疑念の中にあっても事実や理由を求めていらいらせずにいられる能力のことであるが……

キーツはわずか二二歳だったが、鋭い洞察力を持っていただけでなく、無言劇からの帰りという何でもない場面で、このような深遠な考えを無造作に思い付く恐るべき才能を持っていた。ただ、残念なことに、そのわずか三年後に彼は死んでしまった。そのため、自ら思い付いた「消極的能力」についてさらに深く考える時間的余裕はなく、実際にその後彼が書いた文章にもこの言葉が使われることはなかった。結局、後世の学者たちにあれこれ考察する機会を残して世を去ったのである。

消極的能力（ネガティブ・ケイパビリティ）

ここで気づくことは、われわれが今まで歩んできた幸福への「ネガティブな道」と、このキーツの「消極的能力」とが驚くほど似ている点である。**人間の才能の中でももっとも価値のあるのは、「急いで結論を求めようとしない能力」であり、完全や確実や快適を望む気持ちはあっても、それらをやみくもに追求しないでいる能力である**――というのは、まさにわれわれの認識と共通している。また、友人のディルクについて、「確実性や完璧性にこだわりすぎるのが彼の最大の欠点だ」と批判しているが、この点もわれわれが今までに何度となく遭遇してきたテーマを要約したものである。「彼（ディルク）は生きている間は真実に到達できないだろう。なぜなら、彼はいつもそれを求める努力を怠らないからだ」とキーツは書いている。すべての問題は「努力すること」――つまり、性急に目標を達成しようとすることにあるといえそうだ。

もっと大まかな定義でよければ、「消極的能力」とは、まさに「逆行の原理」に沿って生きる能力と言い換えることもできる。それは、私が本書を書き進める途中で出会った人々の誰もが持っている第一級の才能に他ならない。私の目には、一種の優雅なダンスのステップのようにすら見える。つまり、彼らが共通して持っているのは、自分自身の内面、精神、生き方を斜め方向から観察しようとする姿勢であり、少し休んで一歩下がる術であり、他の人が目を背けるものにもしっかり対面する能力である。ついでに言えば、幸福への最短距離にみえるポジティブなムードにはめったに騙されない資質なのである。

「消極的能力」とは、英語の「ネガティブ・ケイパビリティ」の訳である。英語の「ネガティブ」ということばには二つの意味がある。一つは、「する」の反対で「しないでいる」こと、つまり「消極的」な性格を指すことばであり、もう一つは「否定的」であること、たとえば「否定的な思想」とか「不愉快な感情」、「気に入らない状況」などといった場合に使われる形容詞である。したがって、ここで言う「消極的能力（ネガティブ・ケイパビリティ）」には、すぐに行動を起こそうとしない消極的な性格と同時に、否定的な思想や感情や状況にも立ち向かっていける技量も含まれているのである。

「閉合」から「開放」へ

ただし、私が言いたいのは、消極的能力（ネガティブな能力）がいつも積極的能力（ポジティブな能力）より優れているというのではない。もちろん楽天主義はすばらしいし、ゴール（目標）を設定することは役に立つことが多い。ポジティブ思考やポジティブなビジュアリゼーションの中にも相応のメリットを見出すことができる。**問題は、われわれが幸福を考える際に、ポジティブなものを慢性的に過大評価してきたことにある。**そしてネガティブな能力、たとえば不確実性の中に安住したり、失敗と親しくなったりする能力を慢性的に過少評価してきたことである。

心理学療法で使い古された表現を借りると、人生の多くの時間は「閉合」を求めることに費やされているという。人は誰でも（陳腐な文句を軽蔑している人たちでさえ）、今自分の感じている不安や心配にいら立ちを覚え、早急に何らかの結論を下したいと強く願うようになると、たとえば「将来はきっと明るくなる」と信じ込んだり、「そんなことは起こらないだろう」とあきらめてしまったりすることが多い。それが「閉合」である。しかし、われわれが本当に必要とするのはその逆で、心理学者ポール・パーソールが「openture（開放）」と称しているものである。これは耳慣れない新語だが、それだけに、不完全さや失敗に寛大になり、あせりや緊張感を和らげ、鬱積した気分を開放することがいかに重要かを換起するものである。

閉合という観点から見れば、これまで本書で言及してきたことは、さまざまな点で互いに矛盾していたり、本質的にも現実的にも矛盾を抱えているといえる。しかし、いずれの場合も「消極的能力」を具象化している点で共通している――たとえば、ストア哲学者にとって、自分の意思で自由にならない事象に出会ってもくよくよ悩まずにいるという自覚こそが平静心を保つ基盤となっている。また、仏教徒にとっては、自らの心の中の思考や感情の変化をしっかり観察する意思さえあれば、あえてそれらをじたばた行動で示す必要などないことが理解できる。いずれの場合も、形こそ違うが、今より良い条件を追求しようとする「せっかちな気持ちや行動」を抑制するものである。しかも、消極的能力が説くのは古代哲学や宗教ばかりではない。日ごろの仕事や生活の中で駆使している技能を大切にすること、やっきになってゴールを目指さないこと、自らの失敗を真摯に検証しようとすること、不安な気持ちを排除しようとしないこと、物事を成就するために「やる気」を起こそうとしないこと、なども大切なのである。

世の中にはあまりにも多くの自己啓発本が出回っている。それらの多くは、一様に人生の総合ガイド役を目指しているようである。これに対し、われわれの求める**幸福への「ネガティブな道」は多様な選択肢を持ち、オール・オア・ナッシングではない**。もちろん、魔法使いの住むような小屋に住むキース・セダンのような人生を送ることもできるし、エックハルト・トールのように人生を完全に変えてしまうような経験をすることもできよう。しかし、彼らの考え方を一種の工具セットと考え、必要な工具を随時拝借することもできる。そうすることで、あなたはいくらかストア哲学的になったり、ちょっぴり仏教徒になったり、メメント・モリをもう少し頻繁に感じることもできるのである。ただし、真の消極的能力は節度とバランスを伴い、極端な努力は求めないことを忘れないように。

結局のところ、ポール・パーソールの主張する「openture（開放）」のメリットは何なのか？それは、一般に考えられている確信とか、冷静とか、快適とかではない。人生が提供する数多くのミステリーに接し、それらをしっかり取り込むことによって得られる「不思議な興奮を呼ぶ快適さ」とでも言えないだろうか。これに反し、「楽天教団」やポジティブ思考の文化は、たとえ、そのもっとも神秘的な色彩を帯びたニューエイジ運動であっても、ミステリー的なものを一切拒絶するのである。代わりに、物事を確かなものにし、幸福を永遠で最終的なものにしようとする。

しかし、この種の幸福は、仮にあなたがそれを物にしたとしても、底が浅いだけでなく、満足感からは程遠いものである。消極的能力の最大のメリットであり、ネガティブ思考の本当のパワーとなるのは、このミステリーを復活させることにあるといえる。

やる気を起こさせる演説家をはじめ、ポジティブ思考の推進者たちの悪いところは、他の人々に絶えず明るく陽気な上昇ムードを維持するよう強要することだろう。しかめ面をしたり、ストレスに悩まされたり、自信を失くして落ち込んだりするのは、誰にでもよくあることだが、そんな風に振舞うことはあなたの大切なものを危険にさらすことになる、と言うのだ。逆に、私が徐々にやってきたように、ネガティブ思考の推進者ともなればそのような心配はなくなる。どんな不機嫌も許されるからだ。それでいて、ネガティブな世界で行うどんな冒険も、最終的に目指しているのは幸福以外の何ものでもないのである。

ネガティブ思考で実際に幸福になれたか？

それでは、私が今までに遭遇し応用した哲学や心理学の手法は、私を実際に幸福にしたのだろうか？　そのうちのどれが私の人生で確固たる地位をしめることになったのか？　幸福への「ネガティブな道」は実際に機能したのか？　これらの疑問を読者の皆さんが抱くのは当然だろう。しかし、かといって、私がここで「イエス」または「ノー」で明解に答えるのは、それ自体が本論の基本精神に矛盾する行為である。ましてや、「ネガティブ思考で成功するための確実な一〇の方法」といったリストを作るなど論外である。このような確実性を求める傾向こそ、「openture（開放）」が拒絶するものである。

とは言いつつ、私はあえて禁を犯そうと思う。つまり、これまでの旅を振り返り、その経過を要約して皆さんに報告しようと考えるからである。

大都会の公共交通の中でする破廉恥な行為は、ロンドンの地下鉄での体験以降一度もやっていない。メキシコの田舎へ移住して死者の魂と一緒に生活することも実行していない。マサチューセッツでの一週間以来、他の静かな避難所へ行って瞑想にふける体験もしていない。しかしながら、私は毎日、ちょっとした方法で消極的能力を、控えめだが頻繁に発揮することにしている。たとえば、ひどく腹立たしい仲間に会ったり、渋滞にまきこまれ、焦げた料理を食べねばならなかったり、それらを苦々しく思うのは自分自身の判断によるのであって、客観的事実そのものが悪いのではないというストア哲学の「一息おいて考える」手法を思い出すようにしている。また、毎朝五分か一〇分間ヴィパッサナー瞑想をするだけで、私の精神は潤滑スプレーを吹きかけられたような気分になり、その日一日をたいした摩擦なしにすごすことができるのである。「今現在抱えている問題は何か？」というエックハルト・トールの簡潔な疑問を自問することは、低レベルのストレス解消にとても効き目がある。そして、「行動を起こす前にやる気を起こす必要などない」という森田正馬の洞察を知らなければ、この本を書き終えることはできなかっただろう。ガールフレンドとの関係をとおしては、幸福と脆弱性がしばしば同義であることがよく理解できた。また、「非常に悪い結果」と「完全に悪い結果」とを区別せよというアルバート・エリスのアドバイスを思い出す場面が一週間に少なくとも一度はある。

何と言っても、実際に私の心の慰めとなったのは最悪のシナリオを想像することだった。「起こり得る最悪の事態」というのは論理的にかなり厳しい状態が想定できそうだが、それは無限に厳しい訳ではない。どこかに対策を講じるチャンスがあるはずだ。少なくとも、私はそう思っている。これまでもそう思ってきたが、特に大きな悲劇に見舞われたことはなく、私の家族も友人たちもおおむね成功裏に人生を送ってきている。私は善良なストア哲学者のように、いつも自分の幸運に感謝しつつ自らの幸福を追い求めてきたのである。だが、正直言って、私がこの人生哲学の真価を試すのはこれからだと覚悟している。

人生の不確かさを楽しむ

しかしながら、これらの「ネガティブ手法」が最終的にわれわれを導いてくれる目的地は、「幸福」そのものであると考えることができる。「ネガティブな道」の正体は単なる通り道ではなく、幸福という目標そのものだということが分かってきた。ただし、その「幸福」は通常の定義での幸福ではない。それはネガティブな感情とポジティブな感情を同時に包含していなければならないのだ。

このことは、畏怖の感情とどう付き合うかにつながる。前述の「openture（開放）」の発明者ポール・パーソールは、愛や喜び、怒り、恐怖、悲しみといった標準的な感情と並んで畏怖も人間の基本感情の一つであることを、心理学会に認めさせることに人生の大半を費やした。「畏怖は個別の感情ではなく、さまざまな感情を一つに包み込んだ状態をいう。幸福だとか、悲しみだとか、恐怖だとか、怒りだとか、あるいは希望など、多くの感情を一度に体験することである。**畏怖に触発された人生は、不完全さの穴埋めにこだわる必要がない。不完全さをそのまま受け入れればいいのであって、それは人生の不条理や不確かさをも包含するミステリーを楽しむ旅でもある。**これは人生の方向感覚を失わせる混沌（カオス）の中を歩むことでもあるので、困難でスリルに満ちた選択が求められることもあるだろう。だが、これこそが「真の幸福」に値するのではないか。この種の幸福は、安易なポジティブ思考が提供する表面的な幸福とはまったく異質のものである。

ここで言えるのは、幸福への「ネガティブな道」というのは、通常のいわゆる幸福とは別種の幸福を目標とした道だということだ。この目標がどんなものなのかを一言で表すのは至難のわざである。しかもネガティブ精神から言っても、無理やり言葉に換えようとすべきではない。「良き旅人は計画を持たず、行先に執着せず」とは、中国の老子の言葉である。旅をするのに、これ以上のすばらしい方法があろうか？

オリバー・バークマン
Oliver Burkeman

1975年、リヴァプール出身。ケンブリッジ大学社会政治科学部学位取得。イギリスの全国紙『ガーディアン』の記者。外国人記者クラブ（FPA）の若手ジャーナリスト賞受賞。英国で最も権威ある報道賞・オーウェル賞ノミネート。『ニューヨーク・タイムズ』や『ウォール・ストリート・ジャーナル』などアメリカの有名紙、雑誌『サイコロジーズ』や『ニュー・フィロソフィー』にも寄稿。著書にベストセラー『限りある時間の使い方』、『HELP!』他。

下 隆全
しも・たかまさ

1940年、兵庫県出身。京都大学文学部英文学専攻。江商株式会社（現 兼松）にて、ドイツ・ビルマ（現ミャンマー）・インドなど海外駐在経験を積み、退職後は翻訳者として活動。主な翻訳書（共訳・下訳含）に、『世界陰謀史事典』（柏書房）、『ミケランジェロの暗号』（早川書房）、『HELP!』（東邦出版）、『モーガン夫人の秘密』（作品社）、『ダイヤモンドの語られざる歴史』『二日酔い』（国書刊行会）など。

本書は2015年11月に東邦出版より刊行された『解毒剤　ポジティブ思考を妄信するあなたの「脳」へ』を改題の上、復刊したものです。

ネガティブ思考こそ最高のスキル

2023年3月20日 初版印刷
2023年3月30日 初版発行

著　者　オリバー・バークマン
訳　者　下 隆全
装　丁　西垂水敦・市川さつき（krran）
発行者　小野寺優
発行所　株式会社河出書房新社
〒151-0051
東京都渋谷区千駄ヶ谷2-32-2
電話 03-3404-1201（営業）
03-3404-8611（編集）
https://www.kawade.co.jp/
組　版　株式会社創都
印　刷　株式会社暁印刷
製　本　株式会社暁印刷

Printed in Japan
ISBN978-4-309-30025-2
落丁本・乱丁本はお取り替えいたします。